Tomot

PRO EVO

Pro-Evolution – Richtmass der Zukunft

Verlag Asama AG
CH-7000 Chur

Der Autor (1911) studierte Landwirtschaft und Wirtschaftswissenschaften. Als Wirtschaftsberater und Unternehmer war er erfolgreich.

Auf der Suche nach Ursprung und Sinn des Daseins entdeckte er in den fünfziger Jahren u. a. ein neues, einfaches und sicheres Richtmaß für das menschliche Denken und Handeln. Dieses Richtmaß orientiert sich an der kosmischen Entwicklung. (Es wird inzwischen von Wissenschaftern auch «evolutionäre Ethik» genannt.) Der Autor veröffentlichte seine Entdeckung seit 1971 – teilweise unter seinem Pseudonym – u. a. in den Büchern *Lebensrichtig, On the Side of Life, Age of Joy*, und den früheren Auflagen von *«Zeitalter der Freude»*.

Der Inhalt dieses Buches ist weitgehend dem Buch «Zeitalter der Freude» entnommen, das künftig nicht mehr aufgelegt wird.

2000

Umschlag-Gestaltung: Gassner & Seger AG Vaduz
ISBN 3-905105-02-0

Inhalt

Teil III Beispiele für die Anwendung der neuen Einsichten u. a. zur Klärung von Fragen und Rätseln, die die Menschen seit jeher beschäftigen.

Vorwort

Dieses Buch unternimmt es, ein neues Bild von der Welt und vom Leben zu zeichnen.

Und es berichtet von einem neuen Richtmaß für das menschliche Denken und Handeln, das wohl in aller Zukunft Geltung haben wird. An vielen Beispielen aus allen Bereichen des Daseins wird gezeigt, daß ein Denken und Handeln nach dem neuen Richtmaß die *optimale Gestaltung unseres persönlichen und sozialen Lebens* ermöglicht.

Einzelheiten zum Entstehen dieses Buches

Die Verhaltensweisen, die Freude und Heil bewirken, habe ich im Laufe meines Berufslebens gesammelt.

Später suchte ich nach der Ursache dieses Phänomens.

Beides bildet den Inhalt dieses Buches.

Tomotom

Teil I

Auf der Suche nach Ursprung und Sinn des Daseins

Wo sind wir?

Weltraum

Die Erde, der Himmelskörper, auf dem wir leben, ist ein Planet der Sonne. Unsere Sonne ist eine von Milliarden Sonnen unserer Milchstraße.

Unsere Milchstraße hat einen längsten Durchmesser von mehr als 900000 Billionen Kilometern. Um diese Strecke zurückzulegen, braucht selbst das Licht 100000 Jahre – trotz seiner unvorstellbaren Geschwindigkeit von 300000 Kilometern in der Sekunde. Die Erde befindet sich etwa 250000 Billionen Kilometer, das sind 27000 Lichtjahre, nordwestlich vom Mittelpunkt der Milchstraße.

Alle Sterne, die wir mit freiem Auge am nächtlichen Himmel sehen, gehören zu unserer Milchstraße. Und doch füllt sie nur einen ganz kleinen Teil des Weltraums aus. Neben ihr gibt es viele weitere Milliarden Milchstraßen, die alle voneinander meist Millionen Lichtjahre entfernt sind.

Die Erkundung des Weltraumes hat erst begonnen. Vielleicht wird man schon bald feststellen, daß das bisher erkennbare All, mit seinem Durchmesser von 15 bis 20 Milliarden Lichtjahren, nur ein kleiner Ausschnitt ist aus einem noch viel gewaltigeren Weltorganismus.

Der Weltraum ist unendlich, für den Verstand des heutigen Menschen unfaßbar groß. Die Erde verschwindet darin wie ein Tropfen im Meer.

Und auf dieser Winzigkeit im riesigen, unermeßlichen All leben wir Menschen.

Was sind wir?

Urkraft – Energie

Der Kosmos – das ganze All, unsere unendlich große, vielfältige Welt – besteht wahrscheinlich aus einem einzigen Baustoff: der *Urkraft.*[1]

Alle kosmischen *Formen* – elektromagnetische Felder, Atome, Himmelskörper, Kristalle, Pflanzen, Tiere, Menschen, Gedanken, Musik, und so fort – sind somit Formen der Urkraft; und die Vielfalt der Formen beruht auf der Verschiedenheit der Struktur und Schwingung der Urkraft in ihnen.

Die Urkraft bildet demnach den Organismus der Welt. Es gibt in ihm – nach unserer Vorstellung – daher auch keine «leeren» Räume: er besteht aus Formen, die vom Menschen wahrnehmbar sind; aus Formen, die so gering oder so stark konzentriert oder so weit von ihm entfernt sind, daß er sie zur Zeit noch nicht erfassen kann; und außerdem aus nicht strukturierter – nicht geformter – Urkraft.

Der unendlich große Urkraftorganismus des

---

[1] Große Denker aller Zeiten – in unserem Jahrhundert z. B. *Albert Einstein* (Allgemeine Relativitätstheorie), *Werner Heisenberg* (Urfeldtheorie der Struktur der Elementarteilchen), *Teilhard de Chardin* und *Stephen Hawking* – vermuteten, daß der Kosmos aus einem einzigen Ur-Element besteht, das sie u. a. *Urkraft* oder *Energie* nannten.

Kosmos ist folglich eine *Einheit*, die alles enthält. Nichts und niemand ist außerhalb.

Lange vor der modernen Wissenschaft haben besonders begabte Menschen diese Zusammenhänge bereits vermutet. Sie ahnten, daß die Welt mit allen ihren Formen aus einem einheitlichen, einzigen Baustoff besteht, den sie das *Eine* oder die *Urkraft* nannten. Hierfür einige Beispiele:

Laotse: «Alles besteht aus der Kraft.» Kungtse: «Ich weiß nur Eines, daß dieses Eine alles ist.» Hermes Trismegistos, Smaragdtafeln: «Aus dem Einen sind alle Dinge entstanden, alle Wesen geboren. Das Eine ist der Vater aller Wunder der Welt. Das Obere ist gleich dem Unteren.» Apostel Johannes: «Im All-Einen besteht alles.» Mohammed: «Alles bist Du und nichts ist außer Dir.» Japanischer Buddhismus: «Alles ist eine Einheit. Die blühende Rose ist ein Ereignis der Einheit, und Du bist ein Ereignis der Einheit. Alle Dinge und Kreaturen sind die Einheit selbst. Jeder Stein, jedes Wesen ist der Einheit Sohn.» Indische Weisheit: «Die Einheit schläft im Stein, atmet in der Pflanze, träumt im Tier und erwacht im Menschen.»[2]

Auch von der unstrukturierten Urkraft hatten schöpferische Menschen schon vor mehreren Jahrtausenden offenbarte Kenntnisse. Der unstrukturierten, gestaltlosen Urkraft entsprechen:

---

[2] Wahrscheinlich haben die Esoteriker aller Zeiten von der «Urkraft, aus der alles besteht» gewußt.

der chinesische Begriff vom Nicht-Sein – dem Nichtgestalt-Sein – und die indische Vorstellung vom «Prana», der Lebenskraft im unentfalteten Strahlungszustand, im vollkommenen Gleichgewicht.

Da die Welt mit allen ihren Formen offensichtlich aus Urkraft besteht, sind also auch *wir Menschen Formen der Urkraft, gleichsam Zellen im Urkraftorganismus des Alls*.

Wie sind wir entstanden?

Kosmische Entwicklung

Der Weg der Entwicklung, von der unstrukturierten Urkraft bis zu den Wasserstoffmassen des Weltraumes, liegt noch im dunkeln.

Nach der heute vorherrschenden Meinung begann die Entwicklung der uns bekannten Welt mit einem «Urknall», bei dem die Elementarteilchen, aus denen sich der Wasserstoff des Alls gebildet hat, entstanden sein sollen. Unbeantwortet bleibt dabei unter anderem die Frage, welche Ursachen den vermuteten «Urknall» ausgelöst haben könnten.

Auch alle anderen wissenschaftlichen Vorstellungen vom Anfang und den ersten Stufen der Entwicklung sind unbewiesen und lückenhaft. Aber die Entwicklung vom Wasserstoff bis hinauf zum Menschen läßt sich bereits erklären und belegen:

Die Wasserstoffmassen des Weltraumes verdichten sich zu Nebeln und später zu Sternen. Im Lauf der Zeit kommt es auf diesen Wasserstoffsternen, durch den ansteigenden inneren Druck und die sich entwickelnde Hitze, zu Kernreaktionen der Wasserstoffatome, wodurch andere Atome und auch Moleküle entstehen.

Wenn sich die Himmelskörper abzukühlen beginnen, herrschen auf ihnen, bei entsprechenden Umweltverhältnissen, ständige, starke Gewitter. Durch die Einwirkung der Gewitterblitze auf Wasserstoff, Ammoniak und Methan entstehen Aminosäuren. Diese Säuren führen zur Bildung der Eiweißstoffe: das sind die Grundstoffe für den Aufbau des pflanzlichen und tierischen Lebens.

Diese Wandlungsvorgänge und Zwischenstufen – vom Wasserstoff bis zu den Eiweißstoffen – sind größtenteils bereits im Laboratorium wiederholbar.

Der Ablauf der Entwicklung von den Wasserstoffmassen des Alls bis zu den Eiweißstoffen ist also erforscht und beweisbar, genauso wie die weitere Entwicklung auf der Erde, die sich über die folgenden Stufen vollzog:

> Aus den Eiweißstoffen formten sich die Einzeller. Daraus entstanden zweischichtige Metazoen-Organisationen, dreischichtige Bautypen, die viele Organsysteme bildeten, wie ein Zentralnervensystem mit einfachem Gehirn, die Chordaten-Organisationen mit Chorda und Kiemenspalten, kieferlose und gliedmaßenlose Wirbeltiere, Fische, Amphibien, Kriechtiere, unspezialisierte, insektenfressende Säuger, Halbaffen, Affen mit besserem Sehvermögen und stärkerem Trieb zur Erschließung der Mitwelt, höhere Affen, Primaten, schließlich die Menschen mit vervollkommnetem Großhirn und Sprache. (Nach J. Huxley)

Wie die Entwicklung auf den anderen Himmelskörpern verlief, ist größtenteils noch unbekannt. Da aber alle – so wie die Erde – aus Urkraft bestehen, werden sich gleiche oder ähnliche Formen wie auf der Erde entwickelt haben, wenn dort gleiche oder ähnliche Mitweltbedingungen herrschten.

Sind die Mitweltbedingungen auf den anderen Himmelskörpern anders als auf der Erde, werden auch ihre Entwicklungsformen von denen, die sich auf der Erde gebildet haben, verschieden sein.

Aber auf allen Himmelskörpern mit Temperatur- und Druckverhältnissen, die die Bildung von Großmolekülen zulassen – mögen die übrigen Mitweltverhältnisse auch ganz anders sein als auf der Erde –, werden sich die Formen weiterentwickeln und schließlich reflektieren.[3]

Die am höchsten entwickelte Form, die wir kennen, ist der Mensch. In ihm ist die Fähigkeit des Denkens und der Bewußtheit am weitesten gediehen.

Im Weltraum sind viele Milliarden Himmelskörper vorhanden, mit gleichen oder ähnlichen Mitweltverhältnissen wie sie auf der Erde herrschen. Außerdem gibt es viele weitere Milliarden, mit wohl ganz anderen Mitweltbedingungen als auf der Erde, aber auf denen doch die Bildung von Großmolekülen – also von Formen hochkomplexer Urkraft-Konzentration – möglich ist.

---

[3] Nach Theilhard de Chardin.

Es ist anzunehmen, daß sich auf unzähligen dieser Milliarden Himmelskörper Formen entwickeln konnten, die eine gleiche oder ähnliche Bewußtheitsstufe erreicht haben wie der Mensch. Auf Himmelskörpern, auf denen günstigere Entwicklungsbedingungen oder ähnliche länger herrschten, als auf der Erde, sind wahrscheinlich Formen entstanden, die den Menschen an Denkvermögen und Bewußtheit überragen.

Sind wir das Ergebnis von Zufällen?

Alle Formen, die wir kennen, ändern sich unaufhörlich. Diese ständige Wandlung geschieht nicht chaotisch. Sie ist eine *Entwicklung*, die immer konzentriertere und komplexere, mit mehr und höheren Fähigkeiten ausgestattete Formen erzeugt.

Die Wandlung der uns bekannten Formen – in ihrer Gesamtheit – strebt in die gleiche Richtung. Auch die Formen, die den Anschein der Beständigkeit erwecken oder die aus dem Zerfall anderer entstehen, werden immer wieder aufs neue in die Entwicklung zu intensiveren und komplexeren Konzentrationen einbezogen.

Wie ist diese ständige Wandlung, diese unaufhaltsame *Tendenz* zu erklären? Wodurch wurde sie ausgelöst, erweckt? Wie wird sie in Gang gehalten?

Die *Wissenschaft* hat heute etwa die folgende Meinung:

> Die Entwicklung unserer Welt, vom Beginn bis hinauf zum Menschen, ereignete sich *zufallsweise*; die materielle Entwicklung in einer «Selbstorganisation durch Naturgesetze» und die biologische Entwicklung in einer «Selbstorganisation des Lebens»[4].

---

[4] Wenn die unstrukturierte Urkraft, ihr Zustand der

Manche Wissenschafter glauben, daß die materielle und die biologische Entwicklung bis zum Menschen *ein einmalig günstiges Zufalls-Ergebnis* sei, das jeder Wahrscheinlichkeit widerspricht und sich deshalb ein zweites Mal oder gar öfter im Weltall nicht wiederholen kann.

Wohl die Mehrzahl der Forscher ist der Ansicht, daß die für die Entwicklung erforderlichen Zufälle sich überall ereignen, wo die dafür notwendigen Mitweltverhältnisse *lange genug* andauern; und deshalb eine gleiche oder ähnliche Entwicklung wie auf der Erde auch auf unzähligen anderen Planeten im Weltraum stattgefunden hat, bzw. noch stattfindet.

Die Entwicklungsforschung ist erst am Anfang. Vieles ist ungeklärt. Unter anderem hat sich die Wissenschaft noch nicht mit der Überlegung beschäftigt, daß die Entwicklung in der Welt – vom Zustand der Ruhe und des Gleichgewichtes an – nicht hätte beginnen, sich nicht in einer ständig gleichbleibenden Richtung fortsetzen und u. a. auch nicht die Naturgesetze bilden können, wenn nicht ein permanenter, gleichgerichteter *Entwicklungstrieb* wirksam wäre.

Auch die folgenden Überlegungen weisen

Ruhe und des Gleichgewichts sich erstmals wandelt, beginnt die Entwicklung, wird es *lebendig*. Es sollte deshalb auch die materielle und nicht nur die biologische Entwicklung als *Leben* bezeichnet werden. In diesem Buch werden die Begriffe *Entwicklung* und *Leben* gleichsinnig verwendet.

auf das Vorhandensein eines Entwicklungstriebes hin:

(1) Die *erste* Form, die aus der unstrukturierten Urkraft entstand, hätte sich ohne die Einwirkung eines Entwicklungstriebes nicht weiterentwickeln können, weil noch keine andere Form da war und es deshalb die gegenseitige verändernde Beeinflussung der Formen noch nicht gab.

(2) Beim Vorhandensein von mehreren verschiedenen Formen war dann die gegenseitige Beeinflussung und ihr Zufall wirksam. Die Formen hatten nun die Möglichkeit, *sich weiterzuentwickeln, im gleichen Zustand zu verharren* oder *zu vergehen*. Die Wahrscheinlichkeit, daß sie verharren oder vergehen, war nicht nur größer als die, daß sie sich entwickeln, sondern *schlechthin der an Sicherheit grenzende Fall*. Diese Wahrscheinlichkeitshürde haben die Formen – so sagt die Wissenschaft – durch immer erneutes Probieren und «Selbstorganisation» überwunden.
Dazu hätte aber die Zeit, die zum Beispiel auf der Erde für die bisherige Entwicklung zur Verfügung stand – wie man auch mit Computern errechnete –, nicht ausgereicht. Wie wir wissen, vollzog sie sich, von Stufe zu Stufe, erstaunlich zügig; die Mitwirkung eines permanenten Entwicklungstriebes ist deshalb naheliegend.

(3) Wenn die Entwicklung allein durch Zufälle und «Selbstorganisation» möglich wäre, so hätten draußen im Weltraum – auf und zwischen den Himmelskörpern – unzählige, uns völlig fremde Formen und Naturgesetze entstehen müssen, unter anderem, weil die für die dortigen Entwicklungen erforderlichen Zufallsereignisse, nach dem Gesetz der Wahrscheinlichkeit, ganz anders ausgefallen wären, als jene auf der Erde. Es entwickelten sich aber im All – teilweise Milliarden Jahre vor der Entstehung der Erde –, soweit wir dies bisher feststellen können, gleiche Formen und die gleichen Naturgesetze wie auf der Erde. Diese einheitliche Entwicklung ist ohne einen über-all einheitlich wirkenden Entwicklungstrieb undenkbar.

(4) Das Entstehen des Prinzips vom «Goldenen Schnitt» in allem, ist ohne, einem immer in die gleiche Richtung wirkendem, «Trieb» nicht vorstellbar.

(5) Viele Offenbarungen aus allen Zeiten beleuchten eine primäre Entwicklungsursache: *Chinesische Philosophen* erwähnen schon vor 5000 Jahren eine Ur-Setzung (Eins) – das *Tao* –, wodurch die *Urkraft* (Null) in Bewegung gesetzt und gehalten wird. [Null und Eins sind die Grundlagen des in China bereits Tausende Jahre bekannten, binären Rechensystems . . ., mit dem die Welt, mit allen ihren

Formen und Geschehnissen, mathematisch erfaßbar ist.]
Vor 150 Jahren spricht *J. W. Goethe* von «der ewig regen, heilsam schaffenden Gewalt» und in unserem Jahrhundert der Nobelpreisträger *Ch. S. Sherrington* «vom Gesetz, älter als das Leben selbst».)

Diese primäre Entwicklungsursache, der Entwicklungstrieb, ist vorstellbar, zum Beispiel als eine unendlich feine Schwingung hoher Frequenz, die unablässig in allen Urkraftteilchen, demnach auch in den Zellen unseres Körpers, in die gleiche Richtung wirkt.

Nach dem Vorhingesagten – und ohne Gegenbeweise – ist anzunehmen, daß ein Entwicklungstrieb ständig wirkt, daß die Menschen und ihre Mitwelt *nicht nur* das Ergebnis von Zufällen und «Selbstorganisation» sind.

Regelstrukturen

Die Formen – Menschen, Tiere, Pflanzen, Stoffe, Gase usf. – sind Teile der All-Einheit. Mit ihren «Lebensäußerungen», den Verhaltensweisen, beeinflussen sie sich gegenseitig und auch sich selbst.

Durch diese Beeinflussung erhalten die Formen pausenlos unendlich viele Ein-Drücke, In-Formationen. Diese speichern sich in ihnen – sofern sie dafür aufnahmefähig sind. Die Aufnahmefähigkeit und die Genauigkeit der Speicherung wächst mit der zunehmenden Komplexität der Formen.

Die gespeicherten Informationen, die eingeprägten Eindrücke, bilden die Programme und Mechanismen, die – nach den «Erfahrungen» in der Vergangenheit – den Aufbau und die Erhaltung der Formen, im «Zusammenleben» mit den übrigen, auslösen, lenken, regeln. Wir nennen sie die *Regelstrukturen*[5].

Die Regelstrukturen sind die physikalischen und chemischen Verhaltensprogramme – die «Eigenschaften» – der Strahlungen, Atome, Gase und Stoffe; die ererbten Verhaltensprogramme der Pflanzen, Tiere und Menschen; und die Informations-Prägungen, die während des Einzeldaseins der Formen, durch die neuen Erfahrungen mit der inneren und äußeren Welt, entstehen.

Die Auslösung und Lenkung der Verhaltensweisen, die das Dasein der Formen gestalten, geschieht durch die Regelstrukturen selbsttätig. Auch die vom Menschen *bewußt* veranlaßten Verhaltensweisen – seine bewußten Gedanken

---

[5] Begründung für die Wortbildung «Regelstrukturen»: Diese Strukturen entstehen durch die Beeinflussung der Formen, und sie regeln deren künftiges Verhalten. Die Verhaltensregelung ist der einzige erkennbare Zweck dieser Strukturen. (Wissenschaftliche Bezeichnungen für diese Strukturen – wie z. B. «Muster» – wurden nicht benützt, weil sie ihren *wesentlichen*, den dirigierenden Aspekt nicht erkennen lassen.)

und Handlungen – werden von seinen Regelstrukturen (des Denksystems) automatisch verursacht.

Die Erforschung der Regelstrukturen steht erst am Anfang. Aber erwiesen ist heute unter anderem bereits, daß die hochkomplizierten Regelstrukturen des Menschen, die alle Regelprogramme und -mechanismen für den Aufbau, die Erhaltung und Fortpflanzung des Leibes, für alle seine Verhaltensweisen – auch für das Fühlen, das Denken und Handeln – enthalten, sich in ihm – in seinen Zellen – in Spiralmolekülen aus Desoxy-Ribonukleinsäure speichern.

Wozu leben wir?

Der Zweck der sich wandelnden Formen

Viele begabte Menschen der letzten fünf Jahrtausende vermuteten, daß die Welt mit allen ihren Formen aus Urkraft besteht. Und nun wird diese Meinung auch von immer mehr Wissenschaftern geteilt.

Zwar ist das menschliche Denkvermögen noch nicht genug ausgebildet, um die Herkunft und das Ziel der Urkraft und die Größe des Weltraumes und seine Dauer zu erfassen. Auch ist noch unbekannt, wie die Entwicklung der Urkraft beginnt; wie die höchsten Stufen ihrer Zusammensetzung – ihrer Konzentrationen – beschaffen sind; und ob, wenn diese erreicht sind, sich eine neue Entwicklungsperiode anschließt, in der sich die Zusammensetzungen wieder lösen; und was nachher geschieht.

Aber unablässig erweitern sich die Grenzen des menschlichen Erkennens. Und eines Tages werden auch diese Rätsel entschleiert sein.

Was der Mensch heute schon über die Urkraft weiß, befähigt ihn jedoch bereits, den Zweck der strukturierten Formen und damit auch den Zweck des eigenen Daseins zu erfassen.

Überlegen wir:

Die Urkraft ist der Baustoff des Alls. Alle ihre Formen, die wir kennen, wandeln sich unablässig. Sie bleibt dabei vollständig erhalten; nur ihre Strukturen und Bewegungszustände ändern sich.

Alle Formen – auch die Menschen – sind Entwicklungsübergänge zu anderen Formen. Der Zweck der sich wandelnden Formen, und demnach auch der *Sinn und Zweck des Menschen*, besteht also darin, *Übergang und Stufe auf dem Weg der Entwicklung* zu sein.

Woran erkennen wir die Richtigkeit und den Wert unseres Denkens und Handelns?

Entwicklungsrichtig – entwicklungswidrig

Die *kosmische Entwicklung*, von den einfachsten zu immer komplexeren und bewußteren Formen, ist die Ursache unseres Daseins; sie ist das Aufbauende, Positive, das *fundamental* «Gute».

Was gegen die kosmische Entwicklung gerichtet ist – gegen sie wirkt – ist das Hemmende, Negative, das «Schlechte», «Böse».

Gedanken und Handlungen des Menschen, die seine eigene Entwicklung und die seiner Mitwelt *fördern*, sind mit der kosmischen Entwicklung im Einklang, sie wirken in ihre Richtung; sie sind *entwicklungsrichtig*.

Gedanken und Handlungen des Menschen, die seine Entwicklung und die seiner Mitwelt *beeinträchtigen*, wirken gegen – wider – die kosmische Entwicklung; sie sind *entwicklungswidrig*.

Die Gleichgerichtetheit – den Einklang – der Verhaltensweisen der Formen (der Menschen, Tiere usf.) mit der kosmischen Entwicklung nennen wir *Entwicklungsrichtigkeit*.

Die Entwicklungsrichtigkeit ist das objektive und unfehlbare Maß für die Beurteilung der Richtigkeit und des Wertes der Verhaltensweisen der Formen; sie ist daher auch das *absolut sichere ethische Richtmaß:*

richtig, gut, sinnvoll, wertvoll ist, was die Entwicklung fördert – was *entwicklungsrichtig* ist;

unrichtig, schlecht, böse, sinnwidrig ist, was die Entwicklung beeinträchtigt – was *entwicklungswidrig* ist.[6]

6 Die internationalen Wörter sind für Entwicklung «Evolution», für entwicklungsrichtig und entwicklungswidrig pro-evolution und anti-evolution. Für pro-evolution und anti-evolution werden die Abkürzungen «pro-evo» bzw. »anti-evo» wegen der sprachlichen Vereinfachung immer häufiger gebraucht. Wir schließen uns dieser erfreulichen Tendenz an. Und wir bitten, wenn Sie entwicklungsrichtig oder entwicklungswidrig lesen die Abkürzungen pro-evo bzw. anti-evo möglichst immer mitzudenken, besonders auch beim Lesen dieses Buches.

Wie können wir bewußt Freude und Heil bewirken?

Entwicklungsrichtiges (lebensrichtiges) Denken und Handeln erzeugt Freude und Heil; entwicklungswidriges (lebenswidriges) Denken und Handeln verursacht Unfreude und Unheil

Entwicklungsrichtige Gedanken und Handlungen des Menschen fördern ihn und seine Mitwelt. Sie sind in Übereinstimmung mit der kosmischen Entwicklung – der Strömung des Lebens in ihm und um ihn. Durch diesen Einklang entsteht im Menschen ein harmonisches «Feld», das in ihm das Gefühl der wahren *Freude* – der inneren Leichtheit und Beglücktheit – auslöst;[7] und sein Lebenslauf ereignet sich, im Zusammenwirken mit der Mitwelt, in der bestmöglichen Weise.

Der entwicklungsrichtig denkende und handelnde Mensch ist glücklich, entspannt, ausgeglichen. Sein Dasein schwingt harmonisch im All.

---

[7] Vergleiche: *Bertrand Russell*: «In einer tiefen, instinktiven Vereinigung mit der Strömung des Lebens liegt die größte aller Freuden.»;
W. Gruter, J. S. Danielli, G. B. Hoebel: «Offensichtlich wird Altruismus und ‹gesetzkonformes› Verhalten durch die ein Glücksgefühl erzeugende Ausschüttung von Endorphin belohnt.»;
Irenäus Eibl-Eibesfeld: «Normgerechtes Verhalten bewirkt im Menschen über hirnchemische Änderungen hormonal Wohlbehagen.»

Entwicklungswidrige Gedanken und Handlungen des Menschen schädigen seine eigene Entwicklung und die seiner Mitwelt. Sie sind nicht in Übereinstimmung mit der Entwicklungstendenz des Kosmos. Sie stören, hemmen die Strömung des Lebens in ihm und der Mitwelt.

Die Disharmonie, der Gegensatz zwischen einem entwicklungswidrigen Denken und Handeln und der kosmischen Entwicklung erzeugt Fehlhaltungen, krankhafte Zustände, Spannungen im Menschen und zwischen ihm und seiner Mitwelt. Entwicklungswidrige Gedanken und Handlungen verursachen *Unfreude, Unfrieden, Unheil.*

Der entwicklungswidrig denkende und handelnde Mensch ist auf Schritt und Tritt gefährdet und ohne wahre Freude.

Entwicklungswidrige Gedanken und Handlungen verhindern auch das Entstehen echter, dauerhafter «Erfolge». *Was gegen die Entwicklung der Formen – gegen das Leben – gerichtet ist, kann nicht dauern. Alles Entwicklungswidrige zerfällt – manchmal langsam, manchmal schnell, manchmal wie vom Blitz getroffen.*

Zusammenschau

Die bisherigen Überlegungen zeichnen ein neues Bild vom Kosmos und enthüllen ein neues Richtmaß für alles Denken und Handeln:

(1) Die *Welt* mit allen ihren Formen besteht aus Urkraft. Sie ist der *alles umfassende, unauflösbare Urkraftorganismus des Alls*.

(2) Die *Formen* – die Menschen und ihre Mitwelt, die Konzentrationen der Urkraft – wandeln sich unaufhörlich in ihrer Gesamtheit, in einer ständig gleichbleibenden Richtung.

(3) Die *Entwicklungsrichtigkeit* (die Gleichgerichtetheit – der Einklang – mit der kosmischen Entwicklung) ist das objektive und verläßliche Maß für die Beurteilung der Richtigkeit und des Wertes der Verhaltensweisen der Formen, des Denkens und Handelns usf. Sie ist deshalb auch *das absolut sichere ethische Richtmaß*.
Die konsequente Anwendung dieses Richtmaßes – des *Prinzips der Entwicklungsrichtigkeit* – ermöglicht somit die Optimierung des menschlichen Verhaltens und Lebens.

(4) Die *entwicklungsrichtigen* Gedanken und Handlungen allein sind *richtig, gut, wertvoll, sinnvoll. Sie erzeugen Freude* und *Heil. Sie fördern das Leben* (die Entwicklung der Formen) entsprechend dem Grad ihrer Entwicklungsrichtigkeit.

(5) Die *entwicklungswidrigen* Gedanken und Handlungen sind *un-richtig, böse, schlecht, sinnwidrig*. Sie verursachen *Unfreude* und *Unheil. Sie schädigen das Leben* entsprechend ihrer Abweichung von der Entwicklungsrichtigkeit.

Wissenschaftliche Vorstellungen hinsichtlich Urkraft, Entwicklungstrieb oder Regelstrukturen mögen heute oder morgen von den Darstellungen in diesem Buch abweichen.

Solche eventuellen Abweichungen *beeinträchtigen in keiner Weise, die für das Verhalten des Menschen wichtige Einsicht*, wonach allein seine *entwicklungsrichtigen* (lebensfördernden, mit der Entwicklung harmonisierenden) Gedanken und Handlungen wahre *Freude* und *Heil* bewirken und seine *entwicklungswidrigen* (lebensschädigenden, die Entwicklung hemmenden) Ideen und Taten unvermeidlich, früher oder später, *Unfreude* und *Unheil* zur Folge haben.

Die folgenden Teile II und III des Buches enthalten *Facetten* des dargestellten Bildes von der Welt und vom Leben und *Beispiele* für die Anwendung der neuen Einsichten. Sie möchten dem Leser helfen, das *Entwicklungsrichtige* sicher zu erkennen, damit durch ein entsprechendes Verhalten sich sein *Leben in Freude* ereignen kann.

Fast alle Texte beleuchten selbständige Themen; es empfiehlt sich, sie nicht in einem Zuge, sondern einzeln, «meditativ», zu lesen.

Teil II

Facetten des vorgestellten Bildes von der Welt und vom Leben

All-Einheit
Entwicklungstrieb
Regelstrukturen
Leben in Freude

Der Urkraftorganismus des Kosmos – die All-Einheit

Organismus der Welt

Die vom heutigen Menschen gedanklich faßbare Welt, mit allen ihren Formen, besteht offensichtlich aus einem einzigen Baustoff: der Urkraft. Sie bildet den «Organismus» des Alls, der alles enthält. Nichts und niemand ist außerhalb. Sie ist die All-Einheit.

(Der Einfachheit halber bezeichnen wir in diesem Buch auch die unstrukturierte Urkraft – die Unform – als Form.)

Unser Körper – eine winzige Zelle des Alls

Unser Körper bildet mit der Mitwelt, mit allen anderen Formen der Urkraft – den Mitmenschen, Tieren, Pflanzen, Stoffen, Gasen, Strahlungen, der unkonzentrierten Urkraft usf. – die All-Einheit. Unzählige Bindungen vereinigen unseren Körper mit den anderen Formen. Er ist mit ihnen unauflösbar verwoben und verbunden, in einem dichten Netz gegenseitiger Einflüsse und Beziehungen. Er ist im Urkraftorganismus der Welt eine winzige, sich ständig verändernde «Zelle».

Unser Körper – bewußte Urkraft

Die Welt besteht aus Urkraft. Unser Körper – ein Teil der Urkraft der Welt – erkennt diese Tatsache mit seinem reflektierenden Denkvermögen. Dadurch ist die *Urkraft in unserem Körper sich ihrer selbst bewußt geworden*. Sie sieht sich jetzt in ihm und in allen anderen Formen als die All-Einheit – als das *Einzig-Eine*.

Die All-Einheit unser wahres Ich

Wir erkennen uns als Teil der All-Einheit – und die All-Einheit als unser wahres Ich. Uns ist nichts mehr «fremd». Alles sind wir selbst. Wir sind befreit aus der menschlich-körperlichen Enge und fühlen uns ohne Grenzen. Wenn wir die Welt betrachten, betrachten wir uns selbst...

Keine Trennung zwischen Du und Ich

Alle Menschen sind Teile des alles umfassenden Urkraftorganismus des Alls – der All-Einheit. Diese Erkenntnis läßt die Trennung zwischen Du und Ich zurücktreten.

Die Auswirkung unseres Verhaltens in der All-Einheit

Unser Körper bildet mit den Mitmenschen und den übrigen Formen der Mitwelt die All-Einheit.

Fördern oder schädigen wir unseren Körper, so begünstigen beziehungsweise beeinträchtigen wir deshalb auch unsere Mitmenschen und die übrige Mitwelt; und wenn wir diese fördern oder schädigen, begünstigen beziehungsweise beeinträchtigen wir auch uns selbst.

Wir sind mit allem untrennbar in der All-Einheit – in diesem unendlichen «vernetzten» System der Welt – verbunden.

Die Urkraft des Alls bleibt erhalten

Die Urkraft bleibt erhalten. Nichts geht verloren, nichts kommt hinzu. Wenn Urkraftteile anscheinend verschwinden, so haben sie nur Formen angenommen, die für die Menschen vorläufig noch nicht erkennbar sind.

Entwicklungstrieb

Ursache der Schöpfung

Die Überlegungen auf den Seiten 19 bis 23 weisen darauf hin, daß ein Entwicklungstrieb (Lebenstrieb) wirksam sein dürfte, der die Entwicklung – die «Schöpfung» – in Gang setzte und von Stufe zu Stufe weiterführt.[8]

---

[8] Er ist vielleicht eine unendlich feine Schwingung hoher Frequenz – der Urton des Lebens (vergleiche: AUM –,

Entsprechend dieser Annahme: ist der Lebenstrieb u. a. auch die Primärursache der Quantensprünge und Mutationen; und wenn Formen infolge der Bildung entwicklungshemmender Regelstrukturen in ihnen, z. B. durch «Alterung» oder durch zerstörende Mitwelteinflüsse, in einfachere Formen zerfallen, werden diese mit seiner Mitwirkung wieder aufs neue in die Entwicklung zu intensiveren und komplexeren Urkraft-Konzentrationen einbezogen, so daß sich die Gesamtheit des Entwicklungsgeschehens im Kosmos in einer gleichbleibenden, vorwärtsführenden Richtung ereignet.

Kosmisches Ordnungs-Prinzip

Welches Gebiet des Daseins wir auch erkunden mögen, überall finden wir – offensichtlich infolge der unablässigen, gleichgerichteten Einwirkung des Entwicklungstriebes auf alle Urkraftteilchen – «Ordnungen» (physikalische, chemische, mathematische, akustisch-musikalische Gesetze, Intervallproportionen, Analogien), deren Entstehung in der Vergangenheit u. a. der «Weltseele»[9] oder göttlichen oder bekannten

---

verursacht von einem Phänomen, ähnlich der kosmischen Hintergrundstrahlung, die alle Urkraftteilchen unablässig durchdringt.

[9] (Plato: Timaios)

physikalischen und chemischen Einflüssen zugeschrieben wurden.[10]

Harmonie

Formen, Verhaltensweisen, Klänge, Farben usf., die wir als harmonisch empfinden, dürften mit dem Entwicklungstrieb ganz im Einklang sein, mit seiner «Wellenlänge» übereinstimmen.

Raum und Dauer

Raum und Dauer des unendlichen Alls werden in jenen Bereichen, in denen sich Entwicklung erkennbar ereignet – an ihren Erscheinungen – meßbar: der Raum mit «Höhe», «Breite», «Tiefe» und die Dauer mit «Zeit».

---

[10] Vergleiche u. a. *auch*: Weltharmonik (*J. Kepler*); Lehrbuch der Harmonik (*H. Kayser*); Der meßbare Einklang (*R. Haase*). Einige diesbezügliche Forschungsergebnisse: die Gliederung der menschlichen Gestalt nach harmonikalen Intervallproportionen (*G. Hildebrandt*); harmonikale Gesetze bei der Zuordnung der Flächen ausgewachsener Kristalle (*V. Goldschmidt*); die Reihung der Elemente nach ihren Kernladungen (Ordnungszahlen, Elektronenzahlen): diese Reihe der Naturzahlen ist identisch mit dem Aufbaugesetz der Obertonreihe, also eine Analogie zum wichtigsten harmonikalen Naturgesetz (*R. Haase*); die harmonikalen Intervallproportionen im fertigen Planetensystem (*J. Kepler*).

Regelstrukturen

Gegenseitige Beeinflussung

Die Verhaltensweisen – die «Lebensäußerungen» – des Menschen und den Formen seiner Mitwelt wirken auf ihn und auf diese. Sie sind «In-Formationen» und prägen in ihm und in ihnen «Ein-Drücke» – die Regelstrukturen –, soweit die Aufnahme- und Speicherungsfähigkeit dafür ausgebildet ist. Die Verhaltensweisen der einzelnen Formen beeinflussen also diese selbst und auch alle anderen, mehr oder weniger nachhaltig, seit Beginn der Entwicklung. *Das ganze Geschehen im All wirkt auf alles, seit Anbeginn.*

Je ähnlicher die Regelstrukturen der Formen, desto umfassender und genauer die Aufnahme und Speicherung der gegenseitigen Einflüsse. Formen mit gleichartigen Regelstrukturen sind gut aufeinander abgestimmte Sender und Empfänger ihrer Lebensäußerungen.

Die Regelstrukturen wirken – den inneren und äußeren «Erfahrungen» entsprechend, durch die sie entstanden sind – entweder entwicklungs*richtig* oder entwicklungswidrig.

Regelstrukturen des Menschen

Die Regelstrukturen des Menschen haben sich im Lauf der Entwicklung, über die Atome, Gase, Stoffe, Pflanzen, Tiere, die menschlichen

Vorfahren, und während des eigenen Lebens – durch seine «Erfahrungen» mit der Mitwelt – gebildet. Sie lenken sein Leben; sie regeln die physikalischen und chemischen Tätigkeiten der Zellen seines Leibes, alle seine Verhaltensweisen, auch das Fühlen, Denken und Handeln.[11]

Erbmasse des Menschen

Das «Erbgut» des Menschen ist nicht auf die Regelstrukturen seiner Keimzellen beschränkt. Unter anderem sind auch die mittels Bild, Schrift und Ton konservierten Erfahrungen und Kenntnisse ein Teil der menschlichen Vererbung.

---

[11] Die Vergangenheit des Menschen ist in ihm, in seinen Regelstrukturen, mehr oder weniger deutlich aufgezeichnet. Sein Wissen, seine Erkenntnisse und Begriffe sind Kombinationen und Kopien dieser in ihm gespeicherten «Erfahrung». Auch seine prophetischen (präkognitiven) Fähigkeiten, wie das Ankündigen kommender Ereignisse in Träumen und andere «Akausalitäten», sind Auswirkungen von Regelstrukturen. Menschen, die entsprechend sensibilisiert sind, u. a. Hellseher oder Menschen in extremen Notsituationen, können auch eingeprägte «Eindrücke» von Einzelereignissen ablesen, gedanklich genau rekonstruieren.
(Das Aktionspotential, das in den Regelstrukturen des Menschen enthalten ist, wirkt größtenteils ohne sein bewußtes Zutun.)

Aber Regelstrukturen des Menschen, seine Denkmechanismen, haben die Konservierung der Erfahrungen und Kenntnisse in Bild, Schrift und Ton veranlaßt – so wie die Herstellung aller anderen «künstlichen» Dinge.

Gedanken-Verwirklichung

Die Gedanken – ihre Schwingungen – prägen Regelstrukturen, die sie selbsttätig verwirklichen, beziehungsweise zu verwirklichen versuchen.

Deshalb sollten zum Beispiel Verneinungen, Klagen, Geringschätzungen, Selbstmitleid, Vorwürfe, Befürchtungen hinsichtlich einer möglichen Erkrankung oder eines sonstigen Unglücksfalles unbedingt vermieden, und auch die unwichtigen Gedanken entwicklungs*richtig – lebensfördernd, positiv, bejahend, unerschütterlich zuversichtlich* – geformt werden.

Je öfter die gleichen Gedanken wiederholt werden und je bildhafter sie sind, desto stärker, deutlicher formen sich entsprechende Regelstrukturen, die dann für das Verhalten des Menschen mit die Weichen stellen.

Wenn *Zweifel* über die mögliche Verwirklichung eines Gedankens, einer Vorstellung, eines gewünschten Zieles bestehen, kommt es zu keiner Prägung wirksamer Regelstrukturen.

Die Gedankenverwirklichung ist wissenschaftlich noch weitgehend unerforscht.

Vielleicht wirken die Regelstrukturen, die durch Gedanken entstehen, auf die unstrukturierte oder sehr gering strukturierte Urkraft – die überall in und außerhalb der Atome vorhanden zu sein scheint – und veranlassen sie, sich in entsprechender Weise zu strukturieren und zu funktionieren.[12]

Beispiele für die Entstehung von Regelstrukturen durch Gedanken und für ihre Wirkung

(1) *Heilung durch Gedanken*

Unzählig sind die Berichte über die Heilung leichter, schwerer und «unheilbarer» Krankheiten durch Gedanken (durch Heilungsvorstellungen, Eigen- oder Fremdsuggestion usf.). Über die Technik der Heilung durch Gedanken ist wenig bekannt. Leider wurden auch die Methoden der berühmten Suggestiv-Heiler, wie des französischen Apothekers Coué, nicht genügend erforscht.

Die *Eigen-Heilung* durch bewußtes Denken geht wohl folgendermaßen vor sich: Die Gedanken des Kranken – ausgelöst durch Berichte über Heilung, eigene Heilserlebnisse, Eigensuggestion, religiöse Überlegun-

---

[12] Diese Annahme würde unter anderem die ungehinderte Auswirkung hypnotischer Fernbefehle auf einen Menschen, der sich in einem 1700 km entfernten Blei-Käfig befindet (Experimente Prof. *L. L. Wassiliew*), und andere gedankliche Einwirkungen auf Menschen, Tiere, Pflanzen, Stoffe oder Gegenstände erklären.

gen usf. – formen eine klare, lebendige Vorstellung von seiner sicheren Heilung und erzeugen eine starke Prägung – «Einbildung» – entsprechender Regelstrukturen. Und diese bewirken selbsttätig die Heilung; sie *verwirklichen* die Vorstellung, das Gedanken-Bild.

Bei der *Fremd-Hypnose*, im Schlaf oder Dämmer-Zustand des Kranken, werden diesem die Regelstrukturen, die die Heilung auslösen sollen, durch gedankliche Einwirkung des Hypnotiseurs, direkt – ohne den Umweg über das bewußte Denken des Kranken – eingeprägt.

Die Heilung durch *Arznei-Placebos* ist ebenfalls eine Heilung durch Gedanken. (Arznei-Placebos sind Nachbildungen von Heilmitteln, die genauso aussehen und schmecken wie diese – aber deren Heilstoffe nicht enthalten.) Die Kranken, denen man die Placebos verabreicht – ohne ihnen zu sagen, daß es sich um solche handelt –, *glauben*, die echten Heilmittel einzunehmen. Sie erwarten gedanklich die diesen Arzneien zugeschriebene Heilwirkung. Ihre Gedanken erzeugen die Vorstellung, das Gedanken-Bild dieser Heilwirkung und die entsprechenden Regelstrukturen – und letztere rufen bei den meisten Placebo-Versuchspersonen die erwartete Heilwirkung auch tatsächlich hervor.

(2) *Muskelentspannung, Wärme- und Kältegefühle und anderes:*

Wenn wir uns vorstellen – denken –, daß die Muskeln unserer Arme und Beine entspannt sind, dann bilden sich dadurch entsprechende Regelstrukturen, die die Entspannung der Muskeln selbstätig bewirken. Auch Wärme- und Kältegefühle und andere Empfindungen und «Leistungen» lassen sich durch entsprechende Vorstellungen bewirken.[13]

(3) *Jagdhilfe:*

Pygmäen zeichnen vor der Jagd eine Antilope in den Sand und schießen beim ersten Sonnenstrahl mit dem Pfeil auf sie. Dann gehen sie zur Jagd und kommen mit einer Antilope heim, die an der gleichen Stelle vom Pfeil getroffen ist wie die Zeichnung.

Beim Ritual – beim Zeichnen und dem symbolischen Erlegen der Antilope – herrscht absolutes Schweigen. Im Schweigen, in der Konzentration auf die Vorstellung – das Bild –, werden die Regelstrukturen geprägt, die das Erlegen der Antilope «auslösen».

---

[13] Siehe unter anderem «Das autogene Training» von *J. H. Schultz* (A. Thieme Verlag).

Beispiele für irreführende Regelstrukturen

(1) Die Pute «erkennt» ihr Küken nur an dessen Piepsen. Wenn es nicht piepst, tötet sie es in der «triebhaften Annahme», es handle sich um einen Widersacher oder um ein nicht lebensfähiges Kind. Aber die Attrappe eines Iltis, ihres todbringenden Feindes, deren eingebauter Lautsprecher piepst, läßt sie unterkriechen.

(2) Wenn die Regelstrukturen des Menschen, die seinen Selbsterhaltungstrieb bewirken, krankhaft überbetont sind, können sie das Streben nach «Macht» oder das Anhäufen von Gütern, die für ein entwicklungs*richtiges* Dasein unnötig sind, oder andere übertriebene private oder staatliche Schutzmaßnahmen auslösen.

Ursache der Verschiedenheit

Was die Formen voneinander verschieden sein läßt, sind die Regelstrukturen – die «Prägungen» der ungleichen Vergangenheit in ihnen – und die durch deren Wirkung und die Einflüsse der Mitwelt sich ergebenden Gestaltungen und Verhaltensweisen.

Auflösung von Regelstrukturen

Wenn Formen vergehen, zerfallen sie in Formen mit einfacheren Regelstrukturinhalten; und wohl auch in unstrukturierte Urkraft, wenn Regelstrukturen, zum Beispiel durch Wärme, vollkommen aufgelöst werden.[14]

Vergangenheit und künftige Möglichkeiten des Menschen

Im Menschen sind seine Vergangenheit – die «Erfahrungen» seit Beginn der Entwicklung – in seinen Regelstrukturen mehr oder weniger deutlich gespeichert.

Seine kommende Entwicklung ergibt sich aus dem Zusammenwirken seiner Regelstrukturen und seiner Mitwelt.

Im Menschen sind somit seine Vergangenheit

---

[14] In Konsequenz thermodynamischer Überlegungen: ist unstrukturierte Urkraft, die durch einen Entwicklungstrieb wieder in neue Gestaltungen einbezogen werden kann, als Endergebnis eines Entwicklungszyklus denkbarer und befriedigender als die Hypothese einer totalen, endgültigen Auslöschung. – Es wird kein Entwicklungszyklus mit einer Dekomposition aller Strukturen enden, wenn Formen – z. B. Menschen – einen Bewußtheitsgrad erreichen, der ihnen die entwicklungs*richtige* Bestimmung des künftigen Entwicklungsweges ermöglicht, zu uns heute noch unvorstellbaren Zielen (– es sei denn, Mitweltverhältnisse verhindern es).

und seine künftigen Möglichkeiten gegenwärtig.[15]

Schneller Fortschritt durch bewußte Beeinflussung der Regelstrukturen

Der Mensch wird künftig die Regelstrukturen von sich selbst und anderen Formen im zunehmenden Maß *bewußt* entwicklungs*richtig* beeinflussen.[16] Dadurch wird die Entwicklung der Urkraft, in seinem Wirkungsbereich, mit einer heute noch unvorstellbaren Geschwindigkeit weitergehen.

---

[15] Demnach wäre die prophetische (präkognitive) Fähigkeit des Menschen eine unbewußt-kombinative.

[16] U. a. durch *entsprechende*, bewußt erzeugte Gedankenbilder, Erziehung, Ausbildung, präparierte Nahrung, genetische Eingriffe.

Leben in Freude

Entwicklungsrichtiges Richtmaß – Ethik der Freude

Die überlieferten ethischen Begriffe und Regeln entstanden durch die Erfahrungen der Menschheit und deren Deutung und Verwertung für das künftige Verhalten.

Das Festlegen der ethischen Grundsätze hing vom jeweiligen Denkvermögen und Wissen der Menschen, von ihren Daseinsumständen, religiösen Vorstellungen und ihrer Willkür ab.

Als *richtig, gut, wertvoll, sinnvoll* galten Verhaltensweisen, welche die jeweils gewünschten Lebensformen, Gesellschaftssysteme und Ziele der Menschen, beziehungsweise ihrer Gesetzgeber förderten oder zu fördern schienen, als *unrichtig, böse, schlecht, sinnwidrig*, die diese beeinträchtigten oder zu beeinträchtigen schienen.

Heute wissen wir, daß es ein *objektives Maß für die Beurteilung der Richtigkeit und des Wertes der Gedanken und Handlungen* gibt: die *Entwicklungsrichtigkeit* (die Gleichgerichtetheit – den Einklang – der Verhaltensweisen mit der kosmischen Entwicklung, der Strömung des Lebens). Die ethischen Begriffe werden nun mit Hilfe dieses neuen Richtmaßes genau bestimm- und definierbar:

> *richtig, gut, wertvoll, sinnvoll* sind Gedanken und Handlungen, die das Leben, die Entwicklung der Formen – der Menschen und ihrer

Mitwelt – fördern, die entwicklungs*richtig* (lebensrichtig) sind;
un-richtig, böse, schlecht, sinnwidrig sind Verhaltensweisen, die *das Leben der Formen nicht fördern oder schädigen*: die *entwicklungswidrig* (lebenswidrig) sind.

Denkt und handelt der Mensch entwicklungs*richtig*, sind seine Verhaltensweisen lebensfördernd – gleichgerichtet mit der kosmischen Entwicklung, der Strömung des Lebens –, entsteht in ihm ein harmonisches «Feld», welches das Gefühl der *Freude* auslöst; und seine Beziehungen zu den Mitmenschen und zur übrigen Mitwelt ereignen sich in der bestmöglichen Weise.

Denkt und handelt der Mensch entwicklungswidrig – hemmen und schädigen seine Gedanken und Handlungen die Strömung des Lebens, seine eigene Entwicklung und die seiner Mitwelt –, entstehen Fehlhaltungen, krankhafte Zustände, Spannungen in ihm und zwischen ihm und seiner Mitwelt; dann ist sein Leben auf Schritt und Tritt gefährdet und ohne wahre *Freude*.

Da die Richtigkeit und der Wert der Verhaltensweisen, der Gedanken und Handlungen, von deren Wirkung auf die kosmische Entwicklung – die *Entwicklung der All-Einheit – der Gesamtheit der Formen* – abhängt, ist zu beachten:

Verhaltensweisen, die für eine oder mehrere Formen entwicklungs*richtig* wären, sind entwicklungswidrig, wenn sie die *All-Einheit* – der jene und auch alle anderen Formen angehören – *mehr schädigen als fördern. Beispiel*: Die Verbesserung der Daseinsbedingungen eines Menschen, einer Rasse, eines Staates – an sich eine entwicklungs*richtige* Maßnahme – ist entwicklungswidrig, wenn damit andere Menschen in einer vermeidbaren, untolerierbaren Weise geschädigt werden und dadurch die *All-Einheit mehr beeinträchtigt als gefördert wird*.

Verhaltensweisen, die für eine oder mehrere Formen entwicklungswidrig wären, sind entwicklungs*richtig*, wenn sie die *All-Einheit mehr fördern als schädigen. Beispiel*: Das Töten eines Menschen – an sich eine entwicklungswidrige Tat – ist entwicklungs*richtig*, wenn dieser seine Mitmenschen mit dem Tod bedroht und sie nur davor bewahrt werden können, indem man ihn tötet.

Hilfreiche Fragen zur Prüfung unserer Gedanken und Handlungen, ob sie entwicklungsrichtig – Freude und Heil bewirkend – sind

(1) *Fördern* unsere Gedanken und Handlungen die Entwicklung von uns selbst (unseres Leibes und Denkvermögens, unserer Lebensbedingungen), ohne dadurch Mitmenschen und/oder die übrige Mitwelt untolerierbar zu beeinträchtigen?

(2) *Fördern* unsere Gedanken und Handlungen die Entwicklung der Mitmenschen und der übrigen Mitwelt, ohne dadurch unsere

eigene Entwicklung zu gefährden oder zu schädigen?

Freude durch bewußtes und unbewußtes lebensförderndes Denken und Handeln

Das Leben des Menschen ereignet sich bestmöglich und in *Freude*, wenn er bewußt oder unbewußt – zum Beispiel zufällig oder als Folge einer weltanschaulichen oder religiösen Vorstellung entwicklungs*richtig* – lebensfördernd – denkt und handelt.

Verhält sich der Mensch unbewußt vollkommen entwicklungs*richtig*, spricht man von Gnade. Wahrscheinlich ereignet sich unter einer Million Menschenleben kaum ein solcher Glücksfall.

Aber durch bewußtes entwicklungs*richtiges* Denken und Handeln kann jeder Mensch in *Freude* leben.

Freude hängt nicht von Gütern und Gaben ab

Allein die entwicklungs*richtigen* Gedanken und Taten des Menschen erzeugen in ihm das Glücksgefühl der wahren *Freude* – nicht Güter und Gaben, Reichtum, Macht, Jugendlichkeit, verstandesmäßige Talente.

Freude hängt nicht von der Art der Tätigkeit ab

Alle Aufgaben, sei es die Ausbildung für den Beruf, das Reinigen der Straße, das Lenken eines Staates, die Pflege eines Kranken, das Pflügen der Felder, erfüllen die Menschen, die sie in entwicklungs*richtiger* Weise – so vollkommen wie möglich – ausführen, mit *Freude*.

Nicht von der Art der Aufgabe hängt die *Freude* ab, sondern von der Entwicklungs*richtigkeit* ihrer Ausführung.

Freude ist unabhängig vom Nutzen

Ein Wissenschafter kann mit seinem besser ausgebildeten Denkvermögen und seinen Sonderkenntnissen durch seine entwicklungs*richtigen* Gedanken und Taten einen unvergleichlich größeren allgemeinen Nutzen bringen als z. B. ein Maurer durch seine entwicklungs*richtige* Arbeit auf der Baustelle. Aber beide gewinnen durch ihr entwicklungs*richtiges* Verhalten – durch ihr Bemühen um die bestmögliche Ausführung ihrer Aufgaben – die *Freude*, das innere Glück, in etwa gleichem Maße.

Jeder Mensch kann ein Leben in Freude führen – es liegt an ihm selbst

Kein Mensch ist dem anderen gleich. Jeder ist einmalig. Auch die Lebensbedingungen der Menschen sind verschieden. Aber alle können –

unabhängig von ihren Anlagen und Lebensumständen – durch entwicklungs*richtige* Gedanken und Taten ein Leben in *Freude* führen. Es liegt nur an ihnen.

Sogar in einem Blinden mit amputierten Händen und Füßen, der im Urkraftorganismus des Alls – in der All-Einheit – sich geborgen weiß und fühlt, und entwicklungs*richtig* denkt und handelt – zum Beispiel durch bewußtes, vorbildliches Ertragen seiner Mängel, das die Menschen aufrüttelt und sie mit ihren eigenen Schwierigkeiten aussöhnt, oder indem er sie tröstet oder unterrichtet –, entsteht die beglückende *Freude*.

Unerschöpfliche Möglichkeiten der Freude

Jeder Mensch hat in jeder Lebenslage Gelegenheiten zum entwicklungs*richtigen* Denken und Handeln – und damit unerschöpfliche Möglichkeiten, um in *Freude* zu leben.

Freude – Gradmesser für das menschliche Verhalten

Die wahre *Freude* – die innere Leichtheit und Beglücktheit – des Menschen ist das sichere, untrügliche Zeichen für sein entwicklungs*richtiges* – lebensförderndes – Verhalten. Ist er freudlos, trübsinnig, mürrisch, schlecht gelaunt, unzufrieden, rastlos, unsicher, ängstlich oder zynisch – dann denkt und handelt er noch immer in irgendeiner Weise entwicklungswidrig.

Bisherige ethische Regeln können Leitlinien für entwicklungsrichtige Verhaltensweisen sein

Viele überlieferte ethische Begriffe und Regeln, wie «Das Gute tun, das Böse meiden», «Den Nächsten lieben», «Die Wahrheit sprechen», «Nicht stehlen», «Nicht töten», «Vater und Mutter ehren», «Anständig sein», «Ritterlich sein» usf., sind zumeist entwicklungs*richtig*, und wir können weitgehend unser Verhalten danach richten.

Aber Vorsicht ist erforderlich: Diese althergebrachten ethischen Begriffe und Grundsätze sind Ergebnisse der Menschheitserfahrung und ihrer oft irrtümlichen oder willkürlichen Auslegungen. *Sie sind als Leitlinien brauchbar, wenn ein ihnen entprechendes Verhalten das Leben fördert; wenn ein solches Verhalten aber das Leben schädigt, sind sie ungeeignet.*

Beispiele für die erforderliche Berichtigung überlieferter ethischer Regeln:

(1) Das Gebot der Nächstenliebe.
Die Nächstenliebe, im herkömmlichen Sinn, verlangt, den Nächsten zu lieben wie sich selbst – und wenn er uns schlägt, ihn ohne Gegenwehr gewähren zu lassen. Eine solche Nächstenliebe ist teilweise entwicklungswidrig:
Die Forderung, den Nächsten wie sich selbst zu lieben, ist unzureichend. Man muß den Nächsten bewußt fördern, ihn entwicklungs-

richtig lieben. Das Verhalten zum eigenen Körper ist für die Nächstenliebe kein brauchbares Maß. Vielleicht liebt man sich übertrieben oder man vernachlässigt sich; beides wäre entwicklungswidrig.[17]

Wenn der Nächste uns schlägt, so verhält er sich entwicklungswidrig – er schädigt die All-Einheit, der wir und auch er angehören. Wirksam müssen wir uns deshalb vor ihm schützen.

(2) Das Gebot, die Eltern zu lieben, zu ehren und ihnen zu gehorchen.

Es ist entwicklungs*richtig*, die Eltern zu lieben – sie zu fördern –, gleichgültig, wie sie sich verhalten. Die Eltern sind, wie alle Menschen, Teile der All-Einheit.

Aber es ist falsch, sie zu ehren, ihr Verhalten zu preisen, wenn sie entwicklungswidrig handeln, oder ihnen zu gehorchen, wenn sie von uns entwicklungswidrige Handlungen fordern. Wir müssen sie vielmehr auf ihr entwicklungswidriges Verhalten hinweisen, ihnen deutlich zu erkennen geben, daß wir es ablehnen, und uns auch ihren entwicklungswidrigen Wünschen und Befehlen widersetzen.

(3) Das Gebot, die Wahrheit zu sagen.

Unwahrheiten in jeder Form, offene und versteckte Lügen, das Erwecken falscher Eindrücke und so fort, sind entwicklungswidrig.

---

[17] Siehe *entwicklungsrichtige Menschenliebe* (Seite 64) und *Helfen ohne zu schaden* (Seite 65).

Sie erzeugen Unordnung, Unfrieden, Unheil. Sie zerstören das Vertrauen zwischen den Menschen. Auch geringfügige oder unbedachte Unwahrheiten haben oft ungünstige Auswirkungen auf die Lügner.

Aber sogenannte Not-Lügen können entwicklungs*richtig* sein, wenn z. B. nur durch sie das Leben von Menschen geschützt werden kann. In einem solchen Fall ist die bewußte Unwahrheit erforderlich, um ein größeres Übel – eine größere Entwicklungswidrigkeit als es die Not-Lüge ist – zu verhindern.

(4) Das Gebot, nicht zu stehlen.

Wer seine Mitmenschen bestiehlt, handelt entwicklungswidrig. Er schädigt die Bestohlenen und auch die menschliche Gemeinschaft als Ganzes; letzteres, weil er das von ihr eingesetzte Diebstahls-Verbot verletzt, das sie vor dem Eigentums-Chaos und seinen nachteiligen Folgen schützt.

Aber es gibt Ausnahmen. Diebstahl kann entwicklungs*richtig* sein, z. B. wenn nur durch das Stehlen von Nahrungsmitteln Menschen vor dem Verhungern bewahrt werden können.

Um das bestehende Diebstahls-Verbot durch solche Ausnahmen nicht zu lockern, sind die gestohlenen Güter von den Menschen, die durch sie gerettet wurden, den Bestohlenen zu ersetzen; wenn ihnen dies nicht möglich ist, sollte die Allgemeinheit den Schaden gutmachen.

(5) Das Gebot, nicht zu töten.

Der Mensch ist von allen bekannten Formen die am weitesten entwickelte und daher die schutzwürdigste. Solange er lebt, besteht normalerweise die Möglichkeit, daß er bewußt entwicklungs*richtig* – die Entwicklung der All-Einheit fördernd – denkt und handelt. Das Leben des Menschen sollte deshalb erst an der äußersten biologisch möglichen Grenze enden.

Das Töten eines Menschen – das vorzeitige Beenden seines Lebens, z. B. durch Erschießen oder durch vermeidbare Schädigungen seines Leibes während längerer Zeit – ist deshalb im besonderen Maße entwicklungswidrig.

Aber das Töten eines Mörders in Notwehr ist entwicklungs*richtig*, wenn nur dadurch andere Menschen vor dem Tod bewahrt werden. Ebenso kann das Töten eines Menschen, der nie fähig sein wird, *bewußt* zu denken und zu handeln – z. B. wegen einer unheilbaren Schädigung des Gehirns – ebenfalls entwicklungs*richtig* sein, wenn Ärzte, die Angehörigen und die Allgemeinheit überzeugt sind, daß eine solche Tat für den unbewußten Menschen und für seine Mitmenschen eine Erlösung bedeutet. Bei einer solchen Übereinstimmung der Meinungen wird auch das allgemeine Tötungsverbot – welches das Leben der Menschen in der Gemeinschaft schützt – weder undeutlich noch gelockert.

Genaue Erforschung des entwicklungsrichtigen Verhaltens

Das *Prinzip der Entwicklungsrichtigkeit* ermöglicht die wissenschaftliche Erforschung und Bestimmung des optimalen Verhaltens.

Mit zunehmendem Wissen und mit Hilfe von Denkmaschinen wird der Mensch die entwicklungs*richtigen* Ziele und Verhaltensweisen immer genauer erkennen.

Und je mehr die Ziele und Verhaltensweisen des Menschen – hinsichtlich Ernährung, Kleidung, Behausung, Gesundheitsfürsorge, Erziehung, Ausbildung, Leistung für die Gemeinschaft, Beziehungen zu den Mitmenschen und so fort – das Leben fördern, je entwicklungs*richtiger* sie sind, desto harmonischer gestaltet sich sein Dasein, desto mehr Freude und Heil entsteht.

Alles andere wird unwichtig und erträglich

Sobald der Mensch seine entwicklungs*richtigen* – Freude und Heil bewirkenden – Ziele und Verhaltensweisen erkannt hat und sie beharrlich verwirklicht, wird für ihn alles andere unwesentlich; seine leiblichen Mängel werden erträglich, Minderwertigkeitsgefühle und andere psychische Defekte lösen sich usf.

Entwicklungswidriges unbedingt vermeiden

Die entwicklungswidrigen Ziele und Verhaltensweisen des Menschen stören den Lebensstrom in ihm und seiner Mitwelt und verursachen dadurch Unfreude, Unfriede, Unrast, Unheil. Auch alle Dinge, die für die entwicklungs*richtige* Gestaltung des Daseins nicht erforderlich sind, belasten, hemmen.

Alles vermeiden und weglassen, was das Leben nicht fördert oder gar schädigt – was entwicklungswidrig ist. Ein einziges Wort, das keinem entwicklungs*richtigen* Zweck dient, ist bereits zuviel.

Nur unser Denken und Handeln, das auf die Förderung des Lebens – der Entwicklung – von uns selbst und unserer Mitwelt gerichtet ist, macht uns froh und glücklich.

Entwicklungsrichtige Ziele verhindern entwicklungswidrige Verhaltensweisen

Die entwicklungs*richtigen* und die entwicklungswidrigen Gedanken und Taten des Menschen erzeugen Regelstrukturen, die sein bewußtes und unbewußtes Verhalten in der ihnen entsprechenden Weise beeinflussen.

Entwicklungswidrige Verhaltensweisen deshalb nicht direkt «bekämpfen»; ihre Ursachen, die Regelstrukturen, die sie auslösen, würden sich durch eine intensive Beschäftigung mit ihnen verfestigen.

Entwicklungswidrige Verhaltensweisen – Unhöflichkeit, Mißgunst, Neid, Eifersucht, Streit, Feindschaft, Verleumdung, Unwahrheit, Betrug, Raub, Geiz, Roheit, Haß, Quälen und Morden von Mensch und Tier, Verachtung, Feigheit, Faulheit, Gleichgültigkeit, Unmäßigkeit, Unordnung, Unsauberkeit, Ärger, Selbstmitleid, Hochmut, Verzweiflung, Begierde, Ungenauigkeit, Angst, Fanatismus, Zorn und wie sie sonst noch heißen mögen – *verschwinden von selbst oder entstehen erst gar nicht, wenn sich der Mensch für sein Leben nur entwicklungsrichtige Ziele setzt und sie beharrlich verwirklicht.*

Vergebliche Anstrengung

Wenn wir entwicklungswidrig denken und handeln, erschöpfen wir uns vergeblich. Wir erreichen auch keine bleibenden «Erfolge» und zerstören früher oder später mehr, als wir vielleicht vorübergehend erreichen.

Irrwege

Werden die entwicklungswidrigen Verhaltensweisen vermieden, sobald sie erkannt sind, lassen sich meist die entwicklungs*richtigen* Ziele dennoch erreichen, und ein inzwischen eingetretenes Unheil wird überwindbar sein.

Auch aus der verworrensten Lage gibt es einen entwicklungs*richtigen* Ausweg. Das *Prinzip der Entwicklungsrichtigkeit* ist ein unfehlbarer Kompaß.

Für uns beste Lebensbedingungen

Bei allem Denken und Tun das *eigene* Dasein – *unsere Wirkungsmöglichkeit* – behüten und bewahren.

Unseren Körper (Leib, Denkvermögen und so fort) in jeder Weise fördern, für ihn beste Lebensbedingungen schaffen – ohne dadurch die Mitmenschen zu beeinträchtigen.

Konzentrierte, freudige Leistung zum Verwirklichen unserer entwicklungs*richtigen* Ziele und ausreichende, behagliche Erholung – Anspannung und Entspannung – sollten harmonisch abwechseln können.

Auch die «Vergnügungen des Lebens» genießen, wenn sie unserer Gesundheit und Tatkraft zuträglich sind und niemand schaden – sonst sie meiden.

Entwicklungsrichtige Menschenliebe

Der bewußte Mensch begreift sich selbst und seine Mitmenschen als Konzentrationsformen der Urkraft, als Großmoleküle des unendlichen Urkraftorganismus des Alls. Er weiß sich mit seinen Mitmenschen und allen anderen Formen unauflöslich in dieser All-Einheit verbunden – er fühlt sich «eins» mit ihnen.

Die Ablehnung von Mitmenschen oder auch nur die Gleichgültigkeit ihnen gegenüber ist ihm deshalb unmöglich. Er fördert sie, ihre Lebensbedingungen, ihr Denkvermögen, ihre Bewußtheit soweit dies möglich ist, ohne den eigenen *entwicklungsrichtigen* Daseinsverlauf zu beeinträchtigen.

Die *bestmögliche Förderung der Mitmenschen* – aber ohne dadurch die eigene entwicklungs*richtige* Entwicklung, das eigene entwicklungs*richtige* Mensch-Sein, zu gefährden – ist *entwicklungsrichtige Menschenliebe*.

Das entwicklungswidrige Verhalten der Mitmenschen ablehnen – niemals aber sie selbst

Die entwicklungswidrigen Ziele und Verhaltensweisen der Mitmenschen und menschlichen Organisationen (der Staaten, Länder, Gemeinden, Wirtschaftsunternehmen, Gewerkschaften und so fort) *deutlich ablehnen, davor warnen und auf die entwicklungsrichtigen Ziele und Verhaltensweisen, die sie verwirklichen müßten, hinweisen*.

Die Form der Ablehnung und Warnung sollte aber klar erkennen lassen, daß wir *die Menschen uneingeschränkt lieben – das heißt, sie fördern möchten – und nur ihre entwicklungswidrigen Ziele und Verhaltensweisen ablehnen*. Deshalb ihnen auch niemals ihren Irrtum vorwerfen, sie nicht verurteilen, beleidigen oder kränken.

Helfen ohne zu schaden

Den Mitmenschen helfen mit Rat und Tat (– sofern dadurch unser eigener *entwicklungsrichtiger* Daseinsverlauf nicht gefährdet wird).

Aber ihre Probleme und Aufgaben ihnen niemals abnehmen oder aus dem Weg räumen, wenn sie bei ausreichender eigener Bemühung selbst in der Lage wären, sie zu meistern. Wir würden sie verführen, uns – bewußt oder unbewußt – auszunützen, und ihnen die Möglichkeit nehmen, zu lernen, Schwierigkeiten selbst zu überwinden; *wir würden sie schwächen, ihre Lebensfähigkeit in unverantwortlicher Weise mindern.*

Wirrnisse werden nicht entstehen

Vor allen Entscheidungen, Bewegungen, Worten und Taten sich fragen, ob sie entwicklungs*richtig* sind – ob sie das Leben, die Entwicklung, von uns und unserer Mitwelt, fördern. Wenn un sere Verhaltensweisen entwicklungs*richtig* sind, wird sich unser Dasein in bestmöglicher Weise ereignen.

Still, unaufhaltsam

Die kleinen und großen lebensfördernden Ziele unaufhaltsam verfolgen – still, einfach, selbstverständlich, möglichst unbemerkt von den Mitmenschen, damit sie uns nicht ablenken.

Unsere Pläne dürfen aber nicht an unserer Starrheit scheitern. Unüberwindlichen Verhältnissen sich vorübergehend anpassen und die Widerstände beweglich umgehen.

«Das Wasser kann die Felsen nicht umstoßen; es umfließt sie, höhlt sie aus – und erreicht sicher sein Ziel, das Meer.»[18]

Jungbrunnen

Unsere lebensfördernden Gedanken und Taten, die entwicklungs*richtigen* Ziele, die wir zu verwirklichen versuchen, halten uns in Spannung, regen unsere Zellen an, sich zu erneuern, erhalten uns jung bis an die äußerste biologisch mögliche Lebensgrenze.

Faulheit, Feigheit

Wenn wir zu faul oder zu feig sind, um unsere entwicklungs*richtigen* Ziele und Aufgaben zu erforschen und zu verwirklichen, dann brauchen wir uns über die Zustände nicht zu wundern, unter denen wir leben müssen oder in die wir geraten werden.

Zur täglichen Erinnerung

Um niemals zu vergessen, entwicklungs*richtig* – Freude und Heil bewirkend – zu denken und zu handeln, sollten wir uns an jedem Morgen erneut vornehmen:

---

18 Laotse.

unsere entwicklungsrichtigen Aufgaben des Tages so vollkommen und so rasch wie möglich auszuführen;
die Menschen zu fördern, sie niemals zu schädigen;
unbeirrbar wahrhaft zu sein.

Wenn wir täglich mit festem Willen versuchen, diese drei wichtigen Verhaltensweisen zu verwirklichen, werden wir ihre wohltuenden, segensreichen Auswirkungen bald erfahren, und uns das entwicklungs*richtige* Denken und Handeln in allen Lebenslagen zur Gewohnheit werden.

Besinnung

Wenn wir freudlos, unglücklich oder mißmutig, launisch, gereizt, rastlos, unzufrieden sind, so war unser Verhalten in irgendeiner Hinsicht nicht entwicklungs*richtig*. Wir sollten unsere Ziele, Aufgaben und Verhaltensweisen sofort überprüfen: die entwicklungswidrigen, die sich finden, aufgeben und sie durch entwicklungs*richtige* ersetzen – damit beglückende *Freude* uns erfüllen und das Leben sich in bestmöglicher Weise ereignen kann.[19]

---

[19] Siehe: «Einige Fragen zur wöchentlichen Prüfung des eigenen Verhaltens» auf Seite 141.

Die Bedeutung unseres Denkens und Handelns für die Entwicklung der Welt und für uns selbst

Für die Entwicklung des unendlich großen Urkraftorganismus des Kosmos ist es unbedeutend, ob unsere Gedanken und Taten entwicklungs*richtig* oder entwicklungswidrig sind. Der Lebensstrom bringt die Auswirkungen unseres Fehl-Verhaltens immer wieder mühelos in seine Richtung.

Unser entwicklungswidriges Verhalten hemmt die Entwicklung des Kosmos, des Alls, viel weniger als ein Sandkorn einen reißenden Gebirgsstrom.

Selbst wenn wir, zum Beispiel mit Atombomben, alle Menschen vernichten, werden sich wahrscheinlich in einigen zehn Millionen Jahren wieder Wesen mit Denkvermögen und Bewußtheit auf unserem Planeten bilden. Die uns ungeheuerlich erscheinende Tat würde die Entwicklung auf der Erde keinesfalls aufhalten und im gesamten Geschehen des Alls nebensächlich sein.

Aber für das Leben von uns und unseren Mitmenschen ist es von entscheidender Bedeutung, daß wir entwicklungsrichtig denken und handeln. Nur unsere Gedanken und Taten, die das Leben fördern – die mit der Richtung der Entwicklung, dem Lebensstrom, harmonisieren – bringen *Freude*, Wohlbefinden, inneren Frieden, Heil. Unsere entwicklungswidrigen Gedanken und Taten hingegen erzeugen früher oder später unausbleiblich Unfreude und Unheil.

Das Gebot

Unbeirrbar entwicklungsrichtig denken und handeln: für alle Bereiche und in jeder Lage des Lebens die anzustrebenden lebensfördernden Ziele, Aufgaben und Verhaltensweisen feststellen – und sie tatkräftig verwirklichen.

Um nichts sonst brauchen wir uns zu sorgen.

Denken und handeln wir entwicklungs*richtig*, entsteht in uns die wahre *Freude* – das Gefühl der inneren Leichtheit und Beglücktheit –, und unser Leben ereignet sich in der bestmöglichen Weise.

Denken und handeln wir entwicklungswidrig, sind wir auf Schritt und Tritt gefährdet und ohne wahre *Freude*.

Optimal leben

Mehrmals am Tag prüfen, ob unser Denken und Tun entwicklungsrichtig ist. Wenn nicht, es sofort richtigstellen. Und Harmonie und Freude wird uns wieder erfüllen.

Teil III

Beispiele für die Anwendung der neuen Einsichten

unter anderem
zur Klärung von Fragen
und Rätseln,
die die Menschen
seit jeher beschäftigen

Bewußtheit

Vom Paradies der Unbewußtheit zum Paradies der Bewußtheit – dem «Zeitalter der Freude»

Die «Spiegelungen» der Gedanken – das reflektierende Denken – erzeugt die Bewußtheit.

Vor etwa drei Millionen Jahren wandelte sich der unbewußte tierische Vorläufer des Menschen – durch das Entstehen des reflektierenden Denkens in ihm – zum bewußten Tier, zum Menschen.

In dieser fernen Zeit begann er Steinbeile und Feuer systematisch zu verwenden. Damals ging das Paradies des nichtbewußten Lebens, in dem der menschliche Vorläufer ohne bewußtes Denken und Handeln, «ohne Sorgen, Angst und Verantwortung» lebte, zu Ende. («Er aß vom Baum der Erkenntnis und verlor dadurch das Paradies.»)

Die Zeit nachher, in der sich das reflektierende Denkvermögen des Menschen allmählich weiter entfaltete und immer mehr, früher unbewußte Tätigkeiten – wie das Vorsorgen für die Zukunft, das Befriedigen des sexuellen Verlangens und so fort – bewußt bewirkte, war eine Entwicklungsperiode der Unsicherheit, des mühevollen Suchens nach den richtigen Verhaltensweisen.

Die Entwicklung des reflektierenden Denkens führte auf einem holprigen Weg, über unzählige Fehler und Irrtümer, zur heutigen Bewußtheit.

Der vielleicht größte und folgenschwerste Irrtum des Menschen in der Vergangenheit war seine Annahme, daß er ein von der Mitwelt unabhängiges Wesen sei und ein «selbstständiges Ich» besitze.

Die Periode der großen Unsicherheit, der trüben, dämmernden Bewußtheit geht zu Ende. Der Mensch erkennt, daß er ein Teil des Urkraftorganismus des Alls ist – und die Urkraft durch dieses Wissen in ihm, sich ihrer selbst bewußt wurde.

Vor etwa drei Millionen Jahren, als das reflektierende Denkvermögen sich zu entfalten begann, ging das *Paradies der Unbewußtheit* verloren. Und in der heutigen Zeit öffnet sich dem Menschen, durch seine erweiterte Denkfähigkeit, ein neuer Abschnitt seiner Entwicklung: das *Paradies der Bewußtheit*, «das Zeitalter der *Freude*», in dem er, als bewußter Teil des Urkraftorganismus des Alls – *bewußt entwicklungsrichtig denkend und handelnd, in beglückender Freude leben wird.*

Entwicklung der Denkfähigkeit in den letzten Jahrtausenden

Das menschliche Denkvermögen hat sich seit einigen tausend Jahren kaum verändert. Die Verfasser des I Ging, der Veden, des ägyptischen Hermes oder Laotse, Kungfutse, Buddha, Sokrates, Plato, Pythagoras, würden unsere fortgeschrittensten Erkenntnisse begreifen können –

rascher als der Durchschnitt der Menschen unserer Generation.

Aber das Wissen und die Hilfsmittel des Denkens vermehrten sich seit damals gewaltig. Und diese werden in der Zukunft bisher unvorstellbare Denkleistungen ermöglichen.

Menschliches Denken noch immer größtenteils unbewußt

Bei verschiedenen Tieren gibt es Anzeichen für den Beginn eines reflektierenden Denkens. Affen verwenden Stäbchen zum Hervorholen von Insekten aus Hohlräumen; Schimpansen lösen schwierige Zähl- und Kombinationsaufgaben, und sie benützen Keulen zur Verteidigung; auch Verhaltensweisen anderer Tiere, wie von Delphinen, Hunden, Vögeln, lassen Ansätze eines «überlegten», reflektierenden Denkens erkennen.

Aber selbst Tiere mit hochentwickelten Gehirnen, wie die Delphine, wissen wohl nicht, daß sie denken.

Auch bei den Menschen vollzieht sich der größte Teil des Denkens noch immer unbewußt oder trüb-bewußt – ohne bewußte Lenkung und ohne Betrachtung der Denkvorgänge.

Erst ein kleiner Teil des Geschehens der Welt ist erkennbar

Das reflektierende Denken des Menschen vermag erst einen kleinen Teil der unendlichen Fülle der Strukturen, Formen und Zusammenhänge der Welt wahrzunehmen und zu ergründen – und kann meistens kaum feststellen, ob etwas «wahr» ist, oder mit den Gedanken erzeugt.

Wachsende Macht durch zunehmende Bewußtheit

Mit der Zunahme der Bewußtheit wächst die Macht des Menschen, seine gestaltende Kraft – seine Fähigkeit, die Urkraft zu konzentrieren und ihre Konzentrationen zu lösen.

Nur der Mensch mit unzureichender Bewußtheit verhält sich entwicklungswidrig

Menschen, die entwicklungswidrig denken und handeln, haben eine unzureichende Bewußtheit – die entweder die Folge ist eines mangelhaften Denkvermögens oder bisher fehlender Aufklärung über die All-Einheit und ihre Entwicklung.

Auch fehlender Wille zum entwicklungs*richtigen* Verhalten ist eine Folge unzureichender Bewußtheit.

Bewußte Steuerung der Triebe

Je bewußter der Mensch wird, desto besser gelingt es ihm, seine Triebe (Aggression, Sexualität, Geltungs- und Besitzstreben und so fort) soweit zu beherrschen, zu ändern, zu sublimieren, daß sie sich nur entwicklungs*richtig* – lebensfördernd und nicht lebensschädigend – auswirken.

(Das Verhalten des Menschen wird nur insoweit von seinen Trieben bestimmt, als er – wie ein unbewußtes Tier – ihnen freien Lauf läßt.)

Wieso ist der bewußte Mensch «gezwungen», entwicklungsrichtig zu denken und zu handeln?

Alle Geschehnisse im Urkraftorganismus des Kosmos sind *zwangsläufige* Ereignisse der Entwicklung.

Auch das menschliche Bemühen, entwicklungs*richtig* zu denken und zu handeln, ist nicht «freiwillig». Es ist eine zwingende Folge des reflektierenden Denkens.

Sobald der Mensch genügend klar erkennt, daß nur entwicklungs*richtiges* Verhalten *Freude* und Heil erzeugt, entwicklungswidriges aber Unfreude und Unheil verursacht, wird er beharrlich versuchen, ausschließlich entwicklungs*richtig* zu denken und zu handeln; und die entwicklungswidrigen Gedanken und Taten meiden, wie das gebrannte Kind das Feuer: sein reflektierendes Denken veranlaßt, zwingt ihn dazu.

Erweiterungsmöglichkeiten der Bewußtheit

Das reflektierende, bewußte Denken des Menschen hat unermeßliche Möglichkeiten der Erweiterung. Fast das ganze Frontalhirn steht – jetzt noch ungenutzt – für die Erweiterung der «Bewußtheitsfunktionen» des Denkens zur Verfügung.

All-Wissen

In der Urkraft der Welt ist das ganze «Wissen» über sie enthalten. Den einzelnen Formen wird es bewußt, soweit sich in ihnen für das Bewußtwerden – das Erwecken des Wissens – die geeigneten Organe gebildet haben.

«Alles Wissen ist Er-Innerung».[20]

Bewußtsein, Überbewußtsein, Unterbewußtsein, Tiefenbewußtsein

Was der Mensch mit seinem reflektierenden Denken erfaßt, ist *das ihm Bewußte*, alles andere ist *das ihm Unbewußte* – aus den verschiedenen zeitlichen Schichten der Entwicklung, dem «Geschichte».

Die bisher dafür verwendeten Begriffe, wie Bewußt-Sein, Überbewußt-Sein, Unterbewußt-Sein, Tiefenbewußt-Sein sind irreführend, ungenau und sollten gemieden werden.

---

[20] Plato.

Teilaspekte der Bewußtheit

Die Begriffe *Vernunft, Intellekt, Geist, Verstand* bezeichnen unscharf abgegrenzte Teil-Aspekte und -Wirkungen des reflektierenden Denkens.

Die kostbarste Fähigkeit des Menschen

Die kostbarste Fähigkeit des Menschen ist sein bewußtes, entwicklungs*richtiges* Denken und Handeln – die bewußte Förderung des Lebens, der Entwicklung der Formen.

Die *Steigerung der Bewußtheit* des Menschen ist deshalb die wichtigste Aufgabe der Erziehung, Schulen und eigenen Weiterbildung – und die *Beeinträchtigung der Bewußtheit* durch Alkohol, Drogen, Fehlinformationen und so fort, das größte Übel.

Die im Menschen bewußt gewordene Urkraft beeinflußt bewußt die künftige Entwicklung

Im bewußten Menschen ist die Urkraft sich ihrer selbt bewußt geworden. Sie lenkt nun ihre Entwicklung, in seinem Wirkungskreis, durch ihn bewußt. Sie schränkt die gegenseitige, *zufällige* Beeinflussung ihrer Formen – die sowohl entwicklungs*richtig* als auch entwicklungswidrig sein kann – durch ihn ein. Sie bringt, durch ihn, bewußt die Verhaltensweisen ihrer Formen in eine immer bessere Übereinstimmung mit dem Lebensstrom.

Der bewußte Mensch löst in seinem Wirkungsbereich die bisherige unbewußte Wandlung der Urkraft durch eine entwicklungs*richtigere* ab. Soweit sein Denkvermögen und Wissen ihn dazu befähigt, fördert er sich selbst, seine Mitmenschen, Tiere, Pflanzen und die übrige Mitwelt in der, für *die Entwicklung der All-Einheit besten Weise* und verhindert alle vermeidbaren Schädigungen.

Was ist das erkennbare nächste Ziel der Entwicklung der Welt?

Die kosmische Entwicklung vollzieht sich von den *einfachsten zu immer komplizierteren und bewußteren* Formen.

Die *vollständige* Bewußtheit des Urkraftorganismus des Alls scheint das nächste Ziel zu sein.

Sind wir ewig?

Der Mensch ist eine Form – ein Großmolekül – im Urkraftorganismus des Alls.

Der Mensch entsteht aus dem befruchteten Ei. Dieser Keim ist mit freiem Auge nicht wahrnehmbar. Trotz seiner Kleinheit enthält er alle Regelstrukturen des Menschen, die sich im Lauf der Entwicklung der Urkraft über die elektromagnetischen Felder, Gase, Stoffe, Pflanzen, Tiere, bis hinauf zu seinen Eltern gebildet haben.

Die ererbten Regelstrukturen des Menschen, die erweitert werden durch die «Eindrücke» – die Erfahrungen – in seinem eigenen Leben, lenken den Aufbau und die Erhaltung seines Körpers, seine Verhaltensweisen inner- und außerhalb des Mutterleibes. Von der Entwicklung des Keimes bis zum Tod des Menschen ereignen sich – ausgelöst von den Regelstrukturen und dem Einfluß der Mitwelt – eine ununterbrochene Aufnahme und Abgabe von Urkraftteilchen. Diese bilden die menschliche «Gestalt»; sie gehen in den Menschen hinein, als Keim, Nahrung, Einatmungsluft, Wärme-, Gefühls-, Gedanken-Schwingungen und so fort; und verlassen ihn wieder als Ausatmungsluft, Verdauungsstoffe, Wärme-, Gefühls-, Gedanken- und andere Schwingungen, körperliche Bewegung, Keime für die Fortpflanzung; und schließlich als Stoffe, Gase usf. bei der Auflösung seiner Leiche.

Kein Urkraftteilchen geht bei der Bildung,

Erhaltung und Auflösung des Menschen verloren; aber auch kein zusätzliches entsteht durch ihn.

Alle Urkraftteilchen kommen aus der Mitwelt, und alle kehren wieder – verändert – in sie zurück.

Der Mensch ist, so wie jede andere Form, eine Zusammensetzung – eine Konzentration – der Urkraft. Er ist ein vergängliches Gefäß, eine flüchtige Ballung von Teilchen innerhalb der unauflösbaren Urkrafteinheit des Weltkörpers.

Das Leben des Menschen ist, gemessen an der Entwicklungsdauer der Welt, viel kürzer als ein «Augenblick». Aber sein Inhalt, die Urkraft der Teilchen, die seine Existenz ausmachen – durch die er entsteht, lebt und vergeht – ist unvergänglich. Die Urkraftteilchen, die die menschliche Form verlassen, werden immer wieder in neue Formen einbezogen.

Der Mensch, der Körper mit allen seinen Fähigkeiten, vergeht. Aber sein «Wesen» – der Inhalt seiner «Gestalt», die Urkraft, die seine Entstehung, sein Leben und Vergehen bewirkt, ist unvergänglich.

Die Urkraft der Teilchen, durch die der Mensch entsteht, lebt und vergeht – die durch ihn hindurchgeht –, wird im Lauf der Entwicklung in immer neue Formen eingehen und darin, früher oder später, sich ihrer selbst bewußter werden, als es ihr im verlassenen Körper, mit seinem noch unvollkommenen Denkvermögen, möglich war.

Haben wir ein «eigenes» Denken?

Der Lebenslauf des Menschen wird von seinen Regelstrukturen, im Zusammenwirken mit dem Entwicklungstrieb und den Mitwelteinflüssen gestaltet. Das Wachstum und die Erhaltung des Menschen, seine Verhaltensweisen – sein Denken und Handeln –, werden durch diese Ursachen bewirkt. Auch seine Bewußtheit entsteht selbsttätig, sobald die Regelstrukturen seines Denksystems die funktionellen Voraussetzungen dafür enthalten.

Der Mensch ist eine Zelle des Urkraftorganismus des Alls, und ein Ergebnis seiner Entwicklung. Er hat kein «eigenes», aus diesem Organismus herausgelöstes Dasein, kein Fürsich-Sein.

Wie das Leben des Menschen verläuft, wie weit es sich entwicklungs*richtig* oder entwicklungswidrig, unbewußt oder bewußt vollzieht, hängt allein von den selbsttätig wirkenden Gestaltungsursachen, den eigenen Regelstrukturen und den Mitwelteinflüssen, ab.

Selbst die bewußtesten Gedanken und Taten des Menschen und sein vollständig unbeeinflußt und frei scheinender Wille sind das Ergebnis des Zusammenwirkens dieser Gestaltungsursachen. Wenn der Mensch zum Beispiel sich ein Ziel setzt und es mit starkem Willen, mit Hilfe seiner schöpferischen Ideen und Erfindungen zu erreichen trachtet, so entsteht und geschieht dies alles selbsttätig. Alles ereignet sich – er tut es –, weil es die Regelstrukturen seines Denksystems, im Zusammenwirken mit den Mitwelteinflüssen auslösen, veranlassen.[21]

Der Mensch ist kein selbst-ständiges Wesen, aus «eigener Kraft», mit «eigenem» Denken und Handeln.

Was er auch bewußt oder unbewußt denken und tun mag: alles sind Verhaltensweisen, die sich innerhalb des Urkraftorganismus des Alls selbsttätig – durch das Wirken der genannten Gestaltungsursachen – ereignen.

Grenzen des Wissens?

Aus Urkraft besteht alles. Im Urkraftorganismus des Alls ist alles beschlossen. Auch das ganze Wissen über sie.

Der Mensch ist ein Teil des Urkraftorganismus, eine Konzentrationsform der Urkraft. Des-

---

[21] Auch aus den obigen Überlegungen ergibt sich, daß (1) der Mensch, der diese Zusammenhänge kennt (dessen Denksystem bereits entsprechend strukturiert ist), *zwangsläufig* versuchen wird, nur entwicklungs*richtig* zu denken und zu handeln – das heißt, sein eigenes Leben und das seiner Mitwelt *initiativ* und *bestmöglich* in jeder Situation zu fördern – und (2) allen Menschen dieser strukturierte *Zwang* zum entwicklungs*richtigen*, Freude und Heil erzeugenden Denken und Handeln, durch Aufklärung über diese Tatsachen – in Schulen, mittels Literatur, Fernsehen, Radio, Film und so fort –, eingepflanzt werden könnte.

halb hat auch er Zugang zum Wissen über sich selbst und die Formen seiner Mitwelt.

Das Wissen offenbart sich im Menschen, es wird ihm bewußt, soweit sein Denkvermögen ihn dazu befähigt.

Vieles ist für den Menschen begreifbarer und klarer geworden, als es für ihn vor einer Million, vor 10000, vor 100 oder noch vor 10 Jahren war. Trotz dieser Fortschritte kann er die Welt, die Zusammenhänge und Vorgänge im Mikro- und Makrokosmos, vorerst nur teilweise und unvollkommen begreifen. Die Leistungsfähigkeit seines Denkvermögens ist noch begrenzt, wie die seiner übrigen Sinnesorgane. (So kann zum Beispiel auch sein Auge von den unendlich vielen Lichterscheinungen nur jene sehen, deren Wellenlängen zwischen 380 und 760 Millionstel Millimeter liegen, und sein Ohr vermag nur die Töne mit 16 bis etwa 20000 Luftschwingungen in der Sekunde wahrzunehmen.)

Aber ständig erweitert sich das Erkenntnisvermögen des Menschen. Er erzeugt sich dafür immer neue Hilfsmittel, wie Maschinen für das Rechnen und andere Denkvorgänge. Auch wird er die Leistungsfähigkeit seines Gehirns mit neuen Denkmethoden und physikalischen und chemischen Mitteln erhöhen.[22]

---

[22] Je weiter das reflektierende Denken des Menschen – dieses Großmoleküls des Urkraftorganismus – sich entwickelt, desto mehr kommen seine subjektiven

Der Mensch wird alles heute noch Unbegreifliche immer weiter enthüllen.

Und je mehr er weiß und je bewußter er wird, desto entwicklungs*richtiger* und damit froher, glücklicher wird er leben.

Grenzen der Macht?

Der Mensch ist ein bewußter Teil des Urkraftorganismus des Alls. Deshalb ruht auch in ihm die Fähigkeit, Urkraft zusammenzusetzen und zu zerteilen – sie zu konzentrieren und ihre Konzentrationen aufzulösen.

Diese gestaltende Fähigkeit des Menschen wächst mit der Zunahme seines Denkvermögens und Wissens. Je bewußter er wird, desto umfassender, größer wird seine Macht über sich selbst und die weniger bewußten und noch unbewußten Formen.

Vorrang

Das nächste erkennbare Ziel der Entwicklung ist die Bewußtheit der Urkraft. Auf der Erde kann bis jetzt die Urkraft nur in den Menschen,

---

«Erkennntnisse» und Vorstellungen von der Welt, ihren Formen und Verhaltensweisen, mit den objektiven Gegebenheiten zur Deckung.

durch das in ihnen entstandene, reflektierende Denkvermögen, sich ihrer selbst bewußt werden. Auf der Erde sind mithin die Menschen – die bewußten Tiere – die höchsten und schutzwürdigsten Formen.

Die *vorrangig* entwicklungs*richtigen* Verhaltensweisen sind deshalb jene, welche die *Schädigung der Menschen verhindern und sie bestmöglich fördern.* Aber weder Halm, noch Baum, noch Tier, noch andere Formen beeinträchtigen, wenn es für das Leben der Menschen, für ihre Entwicklung, nicht erforderlich ist!

Weisheit

Die eigene Entwicklung, die der Mitmenschen und der übrigen Mitwelt fördern und alle lebenswidrigen Gedanken und Taten vermeiden – das ist höchste Weisheit.

Wille

Der Mensch hat im Lauf seiner Entwicklung gelernt, daß er seine Absichten und Wünsche am besten erreicht, wenn er sich auf sie konzentriert und nicht davon abläßt. Durch diese Erfahrung entstand der bewußte Wille. Er kann entwicklungs*richtig* und entwicklungswidrig verwendet werden.

Wir sollten in uns einen Willen ausbilden, der uns befähigt, unsere entwicklungs*richtigen* Ziele,

Aufgaben und Verhaltensweisen unbeirrbar zu verwirklichen, und der jedem entwicklungswidrigen Trieb, jeder entwicklungswidrigen Neigung, weit überlegen ist.[23]

Gewissen

Das Gewissen ist gespeicherte «Erfahrung», die dem Menschen selbsttätig bewußt wird, wenn er im Begriff ist, eine für sich oder seine Mitwelt wichtige Entscheidung zu treffen oder Handlung auszuführen, oder wenn er überlegt, ob Ziele, Aufgaben, Verhaltensweisen «richtig» oder «falsch» sind.

Die Regelstrukturen des menschlichen Denksystems, die das Gewissen bilden und auslösen, wurden wie alle Regelsturkturen von entwicklungs*richtigen und* entwicklungswidrigen Erfahrungen geprägt. Sie wirken deshalb manchmal nur teilweise oder oft überhaupt nicht entwicklungs*richtig*.

Daher ist das Gewissen als Richtlinie für das Denken und Handeln nicht immer brauchbar. Es hat schon unzählige Menschen und Völker ins Unglück, und in den Tod geführt.

Der Mensch sollte deshalb seine «Stimme des Gewissens» streng prüfen, und *ihr erst folgen, wenn er von ihrer Entwicklungsrichtigkeit überzeugt ist.*

---

[23] Zur Ausbildung des Willens, zum Beispiel, wöchentlich einen Tag lang fasten.

Sitte

Sitte ist das bewußte, entwicklungs*richtige* Verhalten des Menschen zu seinem eigenen Körper, zu den Mitmenschen, Tieren, Pflanzen, zur übrigen Mitwelt.

Schönheit

Schönheit ist der Glanz, die Strahlung, die Spiegelung des Entwicklungs*richtigen* in den Formen und ihren Darstellungen.

Zum Beispiel: der Mensch, der lebensfördernd denkt und handelt – frei ist von entwicklungswidrigen Spannungen –, strahlt Harmonie, Geordnetheit, *Freude* aus. Ihn empfinden wir als schön, auch wenn sein «Äußeres» nicht ebenmäßig ist.

Glaube

Der Glaube ist eine Vorstellung, die dem Menschen nicht nur wahrscheinlich oder möglich scheint, sondern deren Richtigkeit und Wirklichkeit für ihn *unbeirrbar gewiß* ist. Die durch keine Zweifel abgelenkten Gedanken, die den Glauben bilden, erzeugen Regelstrukturen, die das bewußte und unbewußte Verhalten des Glaubenden stark beeinflussen.

Intensiver Glaube wirkt deshalb oft «Wunder», «versetzt Berge».

Prophezeiungen

Prophezeiungen, Aussagen, Behauptungen, an die der Mensch *glaubt*, die er *nicht bezweifelt*, bilden in ihm Regelstrukturen, die sein Verhalten in entsprechender Weise steuern, und das Eintreten der vorausgesagten Ereignisse begünstigen, beziehungsweise *tat*sächlich herbeiführen. (Diese Erfahrung zeigt, wie wichtig es ist, alle gedanklichen Einwirkungen, denen wir ausgesetzt sind – besonders auch politische und kommerzielle Propaganda – kritisch zu prüfen, damit sich in uns durch sie keine entwicklungswidrigen Regelstrukturen bilden, die unseren Lebenslauf beeinträchtigen.)

Seele

Was allgemein unter «Seele» verstanden wird, ist ein Teil der Regelstrukturen, und der durch diese ermöglichten und ausgelösten Fähigkeiten (Leben, Fühlen, Denken, Bewußtheit, Gewissen und andere).

Die Regelstrukturen vererben sich über die Keime. Hat der Mensch keine Nachkommen, verlöschen seine Regelstrukturen – auch jene, die seine «Seele» bilden – mit seinem Tod.

(Die überlieferte Vorstellung von der Unsterblichkeit einer menschlichen «Seele» ist mit den Tatsachen der kosmischen Entwicklung nicht vereinbar. Wann sollte die unsterbliche

«Seele» des Menschen entstanden sein? Auf welcher Entwicklungsstufe? Im elektromagnetischen Feld, im Atom, in den Gasen, Stoffen, Pflanzen, Fischen, Igeln, in den Primaten, Steinzeitmenschen oder in den Menschen der Bronzezeit, oder wann?)[24]

Schuld

Selbst wenn der Mensch bewußt – vorsätzlich – entwicklungswidrig handelt, ist er *unschuldig*. Seine Regelstrukturen und die Einflüsse seiner Mitwelt veranlaßten ihn dazu. Er konnte nicht anders denken und handeln, wie er es tat. Er war «im Irrtum befangen».

Es ist deshalb falsch, ihn zu verurteilen, zu bestrafen oder an ihm «Vergeltung zu üben». Es besteht vielmehr die Aufgabe, den Irrenden von der Notwendigkeit des entwicklungs*richtigen* Denkens und Handelns zu überzeugen, ihn dazu zu erziehen – und notfalls die menschliche Gemeinschaft wirksam vor ihm zu schützen, solange die Gefahr besteht, daß er sie gefährdet und schädigt.

---

[24] Auch bedeutende Denker der Vergangenheit, denen die wissenschaftlichen Erkenntnisse hinsichtlich der kosmischen Entwicklung noch nicht zur Verfügung standen, wie Laotse, Kungfutse und Buddha «wußten», daß ein individuelles Fortleben nach dem Tod nicht möglich ist.

Sünden und Verbrechen

Wer «Sünden» oder Verbrechen beging, belud sich nach überlieferter Vorstellung, mit einer Schuld und hatte eine Strafe zu erwarten.

Heute wissen wir, daß die Gedanken und Handlungen des Menschen vor allem das Ergebnis des Zusammenwirkens seiner Regelstrukturen und seiner Umwelt sind – und es falsch wäre, den Menschen wegen seiner Ideen und Taten schuldig zu sprechen und ihn zu bestrafen.

Je ungünstiger die Regelstrukturen und Umweltverhältnisse des Menschen, desto schwerer sind unter Umständen seine Vergehen, desto größer ist die Wahrscheinlichkeit, daß dadurch Unfreude und Unheil für ihn entstehen – desto gefährdeter und hilfsbedürftiger ist er.

Durch das Androhen von Strafen im Diesseits und nach dem Tod – des Fegefeuers, der ewigen Verdammnis oder der Wiederverkörperung in einem Tier und so fort – wurde versucht zu erreichen, daß die aufgestellten religiösen und ethischen Regeln befolgt werden.

Der Mensch, der um die Urkraft und seine Entwicklung weiß, denkt und handelt entwicklungs*richtig* – vermeidet alle entwicklungswidrigen «sündhaften» und die verbrecherischen Ideen und Taten – aus ureigenstem Antrieb, weil er weiß, daß er nur dadurch *Freude* und Heil erreichen, Unfreude und Unheil weitgehend verhüten kann. Für ihn ist jede Strafdrohung überflüssig, als Lebenshilfe nicht notwendig.

Reue

Das Erkennen unserer früheren entwicklungswidrigen Taten, und die Reue darüber – unser echtes Bedauern, daß wir sie begangen haben, und unser fester Entschluß, künftig nur noch entwicklungs*richtig* zu handeln – bewirkt anscheinend, daß die «Eindrücke», die Regelstrukturen, die sich durch das entwicklungswidrige Verhalten gebildet haben, abgeschwächt oder gelöscht werden. Wir fühlen uns durch die Reue innerlich befreit; und der feste, unbeirrbare Entschluß, in Zukunft entwicklungs*richtig* zu handeln, bringt uns in Einklang mit dem Lebensstrom, der kosmischen Entwicklung.

Reinkarnation

Wir reinkarnieren uns durch die Regelstrukturen unserer Keime, die unsere Kinder bilden, und außerdem durch unsere Gedanken und Handlungen, die unsere Kinder und die übrigen Mitmenschen beeinflussen, die in sie «hineingehen».

Der Glaube an eine *Reinkarnation nach dem Tod* beruht auf irrtümlichen Schlußfolgerungen, die vor allem durch vermeintliche «Erinnerungen an frühere Leben» entstehen. Diese Erinnerungen stammen jedoch von Vorkommnissen, die sich während des *Lebens der Vorfahren* ereigneten und in ihnen Strukturen bildeten, die auf uns übertragen, vererbt, wurden.

Mit dem Tod erlöscht unsere Existenz endgültig. Aber in unseren Kindern und den übrigen Mitmenschen, und deren Nachkommen, leben wir – durch unsere Keime und die Auswirkung unserer Gedanken und Handlungen – unverlierbar weiter.

Wie von einer unsichtbaren Macht geleitet

Unsere entwicklungs*richtigen* Gedanken und Handlungen und die Regelstrukturen, die sich durch sie bilden, begünstigen unser Dasein.

Zum Beispiel: wir treffen Mitmenschen, die uns ungewöhnlich helfen; wir finden die für uns richtigen Hinweise und Bücher; es geschehen zur rechten Zeit die für uns wesentlichen Änderungen; wir entgehen Naturkastastrophen, Unglükken durch menschliches Versagen, wenn es dafür überhaupt eine Möglichkeit gibt, und so fort.

Der unbeirrbar entwicklungs*richtig* denkende und handelnde Mensch fühlt sich wie von einer unsichtbaren Macht geleitet.

(Erklärungsversuch: der Mensch ist mit der Mitwelt durch unzählige Beziehungen und Kontakte verbunden. Er bildet mit ihr die unauflösbare, ineinander verflochtene, verwobene Urkrafteinheit, das unendliche «vernetzte» System des Alls. Seine entwicklungs*richtigen* Gedanken und Taten, und die von ihnen geprägten Regelstrukturen, lösen Ereignisse – Aktionen und Reaktionen – aus, die für ihn entwicklungs*richtig* sind, ihn fördern und schützen.)

Angst

Ein Mensch, der sich als Teil der Urkrafteinheit des Alls weiß, und entwicklungs*richtig* denkt und handelt, ist in Harmonie mit der Mitwelt und im Einklang mit dem Lebensstrom.

In ihm ist die Urkraft sich ihrer selbst bewußt geworden. Er ist nicht mehr in der «Enge» seines kleinen Ichs – und daher befreit von jeder «Angst».

Wenn er sich trotzdem vor entwicklungswidrigen Handlungen seiner Mitmenschen schützt, so nicht aus Angst, sondern um sich und sein entwicklungs*richtiges* Tun nicht durch ihre Irrtümer zu gefährden.

Freiheit

Die Menschen sind miteinander und mit allen anderen Formen unauflösbar, durch unzählige Bindungen und Strahlungen verwobene Teile der All-Einheit. Ihre Verhaltensweisen werden durch ihre Regelstrukturen, im Zusammenwirken mit der Mitwelt, ausgelöst; auch jede sogenannte *freie* Wahl und Tat der Menschen entsteht aus dem Wirken dieser Ursachen.

Die Menschen sind also *gebundene, abhängige* Zellen im Urkraftorganismus des Kosmos – daher auch *ohne Freiheit des Denkens und Handelns.*

Unter dem Begriff Freiheit, wie er gemeinhin

gebraucht wird, verstehen wir: zwischen den verschiedenen Möglichkeiten der Lebensgestaltung – scheinbar frei, unbehindert – entscheiden zu können.

Diese *Entscheidungs-Freiheit* ist eine Folge des reflektierenden Denkens. Sie kann von den Menschen entwicklungs*richtig* oder entwicklungswidrig verwendet werden. Sie hat, je nach der getroffenen Entscheidung, entwicklungs*richtige* oder entwicklungswidrige Auswirkungen.

Die Menschen *miß*-brauchen ihre Entscheidungs-Freiheit, wenn sie sich für entwicklungswidrige Ziele und Verhaltensweisen entscheiden. Sie verursachen dadurch Unfreude und Unheil.

Reflektierendes Denken und Entscheidungs-Freiheit sind die für das bewußte Tier – den Menschen – existentiellen Fähigkeiten. Sie sollten optimal gefördert werden.

Der Kampf gegen die Unterdrückung der Entscheidungs-Freiheit durch Mitmenschen oder Institutionen machte den Begriff «Freiheit» sehr populär; aber er wird oft mißverstanden. Viele Menschen schließen, aus der gegenüber Unterdrückern berechtigten Forderung nach Entscheidungs-Freiheit, auf eine «allgemeine Berechtigung» der Menschen, tun und lassen zu können, was ihnen beliebt, was zum Beispiel ihre Besitz-, Geltungs-, Sexual-, Aggressions- oder Bequemlichkeitswünsche am besten befriedigt. Diese Schlußfolgerung ist verhängnisvoll und verursacht enorme Schäden. Nicht «freie», ungebundene, ungehemmte Triebe und Wünsche dürfen die Ziele und Verhaltensweisen der Menschen bestimmen; das *Prinzip der Entwicklungsrichtigkeit* muß für sie *bindendes Richtmaß* sein, sonst sind Unheil und Unfreude unvermeidbar. *Der ständige Mißbrauch der Entscheidungs-Freiheit führt ins Verderben.*

Kultur

Der Begriff *Kultur* bedeutet für uns das *bewußte disziplinierte, entwicklungsrichtige Verhalten, und dessen Auswirkung*, in all seiner Vielfalt.

Unbeirrbarkeit

Jeder Gedanke, jede Tat beeinflußt den eigenen Körper und Lebenslauf, und die Mitwelt.

Wie wichtig ist es deshalb, daß wir uns unbeirrbar bemühen, nur entwicklungs*richtig* zu denken und zu handeln...

Der Wert des Menschen

Den Wert eines Menschen bestimmt nicht seine Hautfarbe, Rasse, Religion, die soziale Schicht, aus der er herstammt, oder seine soziale Stellung, seine Macht, der Besitz, über den er verfügen kann, auch nicht seine leiblichen und verstandesmäßigen Anlagen und ihre Ausbildung – sondern *die Stärke und die Ausdauer seines Bemühens, entwicklungsrichtig zu denken und zu handeln.*

Meister des Lebens

Menschen, die bewußt und unbeirrbar entwicklungs*richtig* denken und handeln, sind die Meister des Lebens.

Entschlossen, tatkräftig, unaufhaltsam, schnell, sorgfältig, gütig, gewaltlos – ohne ihren Mitmenschen und der übrigen Mitwelt vermeidbare Schäden zuzufügen – verwirklichen sie ihre entwicklungs*richtigen* Ziele und Aufgaben, als Lenker der Staaten, Krankenpflegerinnen, Wissenschafter, Hausfrauen, Weltraumpiloten und so fort.

Sie sind die Edlen.

Bewußte, ständige Steigerung – die eigentliche menschliche Aufgabe

Die kosmische Entwicklung entfaltet, intensiviert, repariert, verbessert unablässig...

Es wäre deshalb entwicklungswidrig, sich mit einem bestehenden Zustand zufriedenzugeben oder gar auf ihm zu beharren.

Das Erreichte auf allen Gebieten des Lebens – der Erziehung, Ausbildung des Denkvermögens und der Bewußtheit, der Ernährung, Kleidung, Behausung, der Beziehungen zu den Mitmenschen und der sonstigen Mitwelt und so fort – *bewußt entwicklungsrichtig weiterführen: das ist die eigentliche menschliche Aufgabe.*

Alles in Frage stellen, alles verbessern; stündlich, täglich das Bestehende ohne Zögern und Zaudern entwicklungsrichtiger machen!

(«Fortschritte», die nicht *entwicklungsrichtig gelenkt und kontrolliert werden*, können vermeidbare Schäden verursachen oder gar die Existenz von Teilen oder der ganzen Menschheit gefährden oder vernichten. Es ist deshalb unerläßlich, besonders auch alle naturwissenschaftlichen Forschungstätigkeiten und die Anwendung ihrer Ergebnisse, rigoros am *Prinzip der Entwicklungsrichtigkeit* zu orientieren, um Nachteile durch diese zu vermeiden oder zumindest in tolerierbaren und sicheren – auch durch menschliche Fehlleistungen und technische Gebrechen nicht verletzbaren – Grenzen zu halten.)

Menschliche Gemeinschaft

Vereinigung der Menschheit

Die entwicklungs*richtige* Liebe – die bewußte Förderung der Mitmenschen – einmal zum allgemeinen Bedürfnis geworden, wird die Menschheit vereinigen, riesige Kräfte, die früher im Kampf der Menschen untereinander verbraucht wurden, freisetzen und alle Lebensbereiche in einer nie geahnten Weise befruchten.

Zusammenarbeit

Wer die Menschen entwicklungs*richtig* liebt, das heißt, wer sie fördern will, wird seine ererbten Anlagen bestmöglich ausbilden, und sich bemühen, mit seinen erworbenen Fähigkeiten zur Erhaltung und Entfaltung der menschlichen Gemeinschaft beizutragen.

Einzelmenschen, Menschengruppen, Rassen, Staaten, die nur ihr eigenes Wohlergehen erstreben, ohne Rücksicht auf die Gemeinschaft und ohne für sie den angemessenen Beitrag zu leisten, verhalten sich entwicklungswidrig, parasitär.

Warum kann der bewußte Mensch vom Mitmenschen nicht enttäuscht werden?

Bewußte Menschen fördern den Mitmenschen – ohne dadurch ihren eigenen entwicklungs*richtigen* Weg zu gefährden –, und erwarten von ihm keinen Dank oder andere bestimmte Verhaltensweisen. Sie bejahen ihn, wie er ist, mit allen seinen Möglichkeiten des entwicklungs*richtigen* und entwicklungswidrigen Denkens und Handelns, und ertragen seine Mängel.

Bewußte Menschen sind deshalb vom Mitmenschen niemals enttäuscht.

Welche Lebenspartner wählen?

Menschen, deren Denkvermögen und Bewußtheit unzureichend sind, wählen ihre Lebenspartner triebmäßig aus; zum Beispiel, wenn diese auf sie eine starke sexuelle Anziehung ausüben oder ihrem Geltungs- oder Bequemlichkeitstrieb dienen.

Menschen mit guter Denkfähigkeit und klarer Bewußtheit wählen Lebenspartner, die sich bemühen, entwicklungs*richtig* zu denken und zu handeln, oder die sie durch Aufklärung voraussichtlich dazu veranlassen können.

Menschen, die entwicklungs*richtig* denken und handeln, werden ihre Lebenspartner bewußt lieben, sie dauernd fördern; nicht nur solange die leiblichen Triebe wirken, und auch dann noch, wenn sie sich trennen und neue Verbindungen eingehen.

Wodurch entsteht das bleibende Glück der Liebenden?

Das Glück der Liebe wird bewahrt durch die bewußte Förderung des Partners – durch Geben, Helfen, Erklären, Verzeihen – und das Gefühl und Wissen, mit ihm eins zu sein, mit ihm und der Mitwelt den Organismus des Kosmos zu bilden.

Mut und Achtsamkeit

Unsere entwicklungs*richtigen* Ziele und Aufgaben heiter, furchtlos verwirklichen; niemals davon abweichen, auch nicht durch die Meinung der Mitmenschen, ihre Schmeichelei oder Härte oder durch vermeintliche Vorteile oder Nachteile – aber umsichtig sein, «damit uns nicht ein Irrender von hinten schlägt».

Zustimmung gewinnen

Mit Gewalt läßt sich keine Zustimmung und kein Einverständnis erreichen. Die Menschen stimmen entwicklungs*richtigen* Zielen und Aufgaben aber zu und helfen bei ihrer Verwirklichung, wenn sie ihnen *anschaulich klargemacht werden*.

«... wie das Gras nach dem Wind»

Wenn wir beharrlich entwicklungs*richtig* denken und handeln, dann werden sich eines Tages auch die meisten Menschen unseres Wirkungskreises nach uns richten, «wie das Gras nach dem Wind».

Freunde

Die Gesellschaft von Menschen suchen, die sich konsequent bemühen, nur entwicklungs*richtig* zu denken und zu handeln, und mit denen wir die Selbstbeherrschung wechselseitig steigern können.

Feinde

Auch die Feinde – die Menschen, die uns Übles wünschen oder antun – lieben, das heißt, sie fördern, ihnen helfen zu erkennen, daß sie ein Teil der All-Einheit sind, und deshalb sich auch selbst – ihrem wahren Ich – schaden, wenn sie entwicklungswidrig handeln.

Die von uns geförderten Feinde werden meist – früher oder später – ihr feindschaftliches Verhalten aufgeben oder unseren Lebenskreis verlassen.

Streit

«Streit ist Kampf gegen Mitmenschen.»

Die entwicklungs*richtigen*, allen Beteiligten gerecht werdenden Lösungen für die Differenzen und Zweifelsfragen erforschen, und sich bemühen, die Widersacher dafür zu gewinnen – beharrlich, ruhig, sachlich, zuvorkommend, wohlwollend.

Alle Gegensätze lassen sich durch entwicklungs*richtige* Zusammenfügungen ausgleichen.

Vergeben

Die Nachteile, die uns die Menschen angetan haben, mit entwicklungs*richtigem* Verhalten beantworten – und uns wirksam vor ihren weiteren Beeinträchtigungen schützen.

Vergeben, verzeihen – die ungestörte Gemeinschaft mit den Menschen herstellen.

Verbundenheit zeigen

Verständnis, Mitgefühl, das wohlwollende Gespräch von Mensch zu Mensch – statt kalter, harter oder gar zynischer Worte.

Den Mitmenschen fühlen lassen, daß wir uns mit ihnen unauflösbar in der All-Einheit verbunden wissen. Das Gemeinsame, Verbindende immer betonen und das Gegensätzliche zurückstellen.

Die Leistungen anerkennen

Die Leistungen der Mitmenschen anerkennen, sie nicht verkleinern oder verheimlichen. Ihr Selbstvertrauen stärken, damit ihnen immer Vollkommeneres gelinge.

Die große Mehrheit der Menschen will das Entwicklungsrichtige

Die weit überwiegende Mehrheit der Menschen unterstützt bewußt und unbewußt die entwicklungs*richtigen* Ideen und Taten.

Krankheit durch fehlende entwicklungsrichtige Ziele

Vielen «Kranken», unter anderem allen Schwermütigen, fehlt die entwicklungs*richtige* Einstellung zum Dasein. Sie sehen keine Ziele, für die es sich zu leben lohnt.

Sobald sie begreifen und fühlen, daß die Welt – einschließlich ihres eigenen Körpers – der ewige, alles umfassende Urkraftorganismus ist und sie froh und glücklich sein werden, wenn sie entwicklungs*richtig* denken und handeln, beginnen sie von ihrer Krankheit zu genesen.

Und sie überwinden ihre ungünstige psychische Lage vollkommen, wenn ihnen beratend geholfen wird, ihre entwicklungs*richtigen* – sie selbst, ihre Mitmenschen und die übrige Mitwelt fördernden – Ziele und Aufgaben zu finden und zu verwirklichen.

Weisungen und Wünsche

Weisungen und Wünschen der Mitmenschen nur folgen, wenn sie entwicklungs*richtigen* Zielen und Aufgaben dienen. Die Ausführung der Weisungen und Wünsche verweigern, wenn man weiß, daß sie sich entwicklungswidrig auswirken würden.

Bewußtes und unbewußtes entwicklungsrichtiges Verhalten zu den Mitmenschen

Wenn wir die Mitmenschen lieben – sie fördern, für sie das Entwicklungs*richtige* wollen und tun –, prägen sich in uns Regelstrukturen in entsprechender Weise; und auch unser unbewußtes Verhalten zu ihnen wird entwicklungs*richtig*.

Dann braucht es uns nicht zu wundern, wenn auch wir von Mitmenschen gefördert werden –

wohl nicht immer von den gleichen, denen wir unsere Liebe am deutlichsten zugewendet haben.

Das Entwicklungswidrige durch das Entwicklungsrichtige überwinden und fernhalten

Der einzelne Mensch und auch jede Gemeinschaft – Familie, Gemeinde, Staat usf. – sollten das Entwicklungswidrige überwinden und fernhalten, indem sie sich *beharrlich bemühen, das Entwicklungsrichtige zu verwirklichen*. (Die Menschen mit einfachen, klar verständlichen Leitlinien auf die entwicklungs*richtigen* Ziele und Aufgaben der Gemeinschaft hinlenken.)

Vorsichtig sein, wo viel gesprochen wird

Wenn die Ziele und Aufgaben entwicklungs*richtig* sind, bedarf es keiner besonderen Beredsamkeit, um die Menschen dafür zu gewinnen. Deshalb – wo viel gesprochen wird, vorsichtig sein.

Gleichgesinnte

Mit Gleichgesinnten zusammenwirken, um die eigenen und die für die Allgemeinheit entwicklungs*richtigen* Ziele und Aufgaben klarer zu erkennen und rascher zu verwirklichen.

Halt und Richtung für die menschliche Gesellschaft

Die unbeirrbar entwicklungs*richtig* Denkenden und Handelnden werden die menschliche Gesellschaft immer stärker «durchdringen» und ihr Halt und Richtung geben.

Die Rolle der Frau

Die bewußt denkende Frau wird künftig eine dem Mann gleichrangige, und ihrem Geschlecht vollkommen entsprechende Rolle in der Gemeinschaft spielen.

Entschlossener, energischer oft als der Mann wird sie alles Lebensbewahrende verteidigen. Und sie wird die Ideen und Taten des Mannes nur billigen und achten, wenn diese das Leben fördern.

Ungleichheit der Lebensgestaltung

Die Menschen, ihre ererbten Regelstrukturen (die physischen, psychischen und intellektuellen «Anlagen»), ihre Erziehung und Ausbildung, die Einfüsse der Mitwelt, die auf sie wirken, ihr Wille und ihre Selbstbeherrschung, sind verschieden. Die Menschen werden deshalb, auch wenn sie die gleichen Möglichkeiten zur Gestaltung ihres Lebens haben, diese ganz verschieden wahrnehmen und nützen.

Wie wichtig ist unsere Menschheit?

Zwanzig Millionen Jahre dauerte die Entwicklung unserer jetzigen Menschheit und ihrer unmittelbaren Vorläufer. Noch Milliarden Jahre werden auf der Erde Menschen oder menschenähnliche Wesen leben können.

Wie oft können da noch Menschheiten verschwinden – durch eigenes Verschulden oder durch Einschläge von Groß-Meteoriten, kosmische Strahlung o. a. –, und wie oft wieder neue entstehen, selbst wenn Neuentwicklungen etwas länger dauern sollten.

Gefährliche Phase der Menschheitsentwicklung

Die naturwissenschaftlichen Fortschritte des 20. Jahrhunderts lieferten Vernichtungsmittel – Atombomben, chemische und biologische Waffen, Raketen –, mit denen das menschliche Leben auf der Erde schwer geschädigt oder gar ausgerottet werden kann.

Das Verhalten vieler politisch führender Menschen wird leider auch heute noch von Aggressions-, Besitz-, Geltungs- und anderen Wünschen, Trieben und Ängsten – die ihnen weitgehend unbewußt sind – stark beeinflußt. Es besteht deshalb die akute Gefahr, daß die modernen, verheerenden Vernichtungsmittel aus Macht- und Habsucht, oder wegen ungerechtfertigter Ängste oder sonstiger entwicklungswidriger Ursachen und Motive, verwendet werden.

Führende Stellen im Staat sollten ausschließlich Menschen vorbehalten sein, die von der *Unerläßlichkeit entwicklungsrichtigen Denkens und Handelns* überzeugt sind, und sich voraussichtlich in allen Situationen unbeirrbar in entsprechender Weise verhalten.

Nur wenn es gelingt, entwicklungsrichtiges Denken und Handeln in der Politik dominant werden zu lassen, ist die weitreichende oder gar gänzliche Vernichtung der jetzigen Menschheit durch das moderne Waffenpotential abzuwenden.

Bevölkerungsvermehrung und Schwangerschaftsabbruch

Die gesetzlichen Regelungen des Schwangerschaftsabbruchs dürfen das allgemeine Tötungsverbot – welches das Leben in der Gemeinschaft schützt – nicht undeutlich machen.

Deshalb ist der Schwangerschaftsabbruch zur Begrenzung der Bevölkerungsvermehrung abzulehnen. Es sollten dafür ausschließlich Maßnahmen und Mittel verwendet werden, welche eine unerwünschte Überzahl von Schwangerschaften verhindern, wie die Spät-Ehe, Empfängnisverhütungsmittel, zeitweise Sterilisation u. ä.

Der Schwangerschaftsabbruch sollte nur erlaubt sein, wenn die Frau gegen den *ausdrücklichen Willen* eines oder beider Geschlechtspartner schwanger wird; oder wenn nach einer erwünschten Befruchtung Umstände bekannt werden oder eintreten, die das Austragen des

Embryos unsinnig erscheinen lassen, wie z. B. bei schwerwiegender Bedrohung der Gesundheit der Mutter oder des Kindes; oder bei außerordentlicher Gefährdung der künftigen sozialen oder materiellen Gestaltung des Lebens der Eltern durch Schwangerschaft und Geburt. Und zwar sollte der Schwangerschaftsabbruch bei einer Bedrohung der Gesundheit der Mutter oder des Kindes ohne zeitliche Begrenzung vorgenommen werden können; und in den anderen Fällen nur innerhalb jener Frist, in der sich der Embryo im vormenschlichen Entwicklungsstadium befindet – er noch nicht «Mensch» ist.

(Um Fehlentscheidungen der Eltern zu vermeiden – zum Beispiel wegen unzureichender Information über die Hilfsmöglichkeiten der Gemeinschaft für die Eltern, oder über die physischen und psychischen Auswirkungen einer Abtreibung –, sollte eine Aussprache mit autorisierten Elternberatern und die eventuelle Vornahme der Abtreibung durch Fachärzte zur Pflicht gemacht werden.)

Wie viele Menschen sollten die Erde bewohnen?

Die Erde sollten so viele Menschen bewohnen, als darauf entwicklungs*richtig* leben können – nicht mehr, aber auch nicht weniger.

Was gehört zum entwicklungs*richtigen* Dasein der Menschen? Luft, Wasser, Nahrung, Kleidung und Wohnverhältnisse die der Gesundheit nicht schaden; ausreichende Bewegungsmöglichkeiten; Erziehung und Ausbildung mit den jeweils wirksamsten Methoden und Mitteln.

Warum sollten nicht weniger Menschen die Erde bevölkern? Je mehr Menschen auf der Erde – unter zuträglichen Daseinbedingungen – leben, desto größer ist die Wahrscheinlichkeit, daß sich *die Menschheit auf kürzestem Weg bestmöglich weiter entfaltet.*[25]

Welchen Staaten und Organisationen wird die Führung der Völker der Erde zufallen?

Die Führung der Völker der Erde wird kampflos auf jene Staaten oder Organisationen übergehen, die die entwicklungs*richtigen* Ziele der Menschheit klar erkennen, bekanntmachen und sich anstrengen, sie zu verwirklichen.

---

[25] Entwicklungs*richtig* denkende und handelnde Menschen der Wissenschaft, Politik und Wirtschaft, werden – wenn man ihnen dazu die Gelegenheit gibt – in jeder Phase der Menschheitsentwicklung optimale Daseinsbedingungen bereitstellen. Entwicklungswidrig denkende und handelnde Menschen sind dazu meist nicht fähig und verbreiten in Wachstums- und Wirtschaftssituationen, die sie infolge ihres unschöpferischen Wesens für ausweglos halten, eine Untergangsstimmung, und veranlassen entsprechende, negative Maßnahmen. Solche Menschen verursachen, wenn sie an den herrschenden Stellen sind, oft unermeßliche Schäden für die Völker.

Wovon hängt die Dauer menschlicher Ordnungen ab?

Alle menschlichen Ordnungen haben ohne entwicklungs*richtige* Liebe, das heißt, ohne das Bestreben, die Mitmenschen zu fördern, keinen Bestand.

Führende

Je gewichtiger die Stellung der Führenden, ihrer Berater und sonstigen Beeinflusser in der Gemeinschaft – je größer der Kreis der Menschen, deren Geschicke sie mitbestimmen –, desto notwendiger ist es, daß sie ausschließlich entwicklungs*richtig* denken und handeln.

Bewußt entwicklungswidrig handelnde oder unfähige Menschen gehören nicht in führende oder die Führung beeinflussende Stellungen in der Gemeinde, im Land, im Staat, in der Wirtschaft, in der Verwaltung, im Kunstleben und so fort.

Haftung der Führenden

Die Führenden sollten für die *Schäden*, die sie mit ihren *unfähigen, fahrlässigen* oder *bewußten* lebenswidrigen Entscheidungen und Handlungen verursachen, *aufkommen müssen.*

Erziehung

Ist der Mensch zu Beginn seines Lebens gut oder schlecht?

Der Mensch ist bei der Geburt mit seinen ererbten, teils entwicklungs*richtig*, teils entwicklungswidrig wirkenden Regelstrukturen begabt, die im Laufe des Lebens durch Erziehung, andere Mitwelteinflüsse und Verhaltensweisen, die sich daraus ergeben, verstärkt und abgeschwächt werden.

Die wichtigsten Aufgaben der Schulen

Die jungen Menschen zum entwicklungs*richtigen* Denken und Handeln erziehen, und ihre Fähigkeit des Denkens und der Bewußtheit so weit entwickeln, wie ihre Erbanlagen es ermöglichen. Unter anderem durch ständige praktische Übungen entwicklungs*richtige* Verhaltensweisen ausbilden, wie Selbstbeherrschung, Menschenliebe, Umsicht, Tatkraft, Ordnung, Sauberkeit, Pünktlichkeit, Verläßlichkeit.[26]

---

[26] Mit den, voraussichtlich auch in der Zukunft, rasch zunehmenden Kenntnissen und technischen Fähigkeiten der Menschen wächst explosionsartig die Gefahr ihrer Selbstzerstörung und des Chaos, wenn es nicht gelingt, ihnen unauslöschbar einzuprägen, daß alles Wissen und Können nur in entwicklungs*richtiger* – lebensfördernder – Weise verwendet werden darf.

Weiterbildung

Die ständige Fortbildung des Denkvermögens, der Bewußtheit und die Vermehrung des Wissens sind für die Lebensgestaltung des Menschen wichtig.

Nur dadurch kann er die entwicklungs*richtigen* Ziele und Aufgaben auf allen seinen Daseinsgebieten mit zunehmender Genauigkeit erkennen und die Maßnahmen zu ihrer Verwirklichung immer sicherer auswählen und durchführen.

Selbstkontrolle

Disziplin – die ständige Kontrolle der Verhaltensweisen, des Denkens und Handelns – ist unentbehrlich.

Ohne feste Zucht können wir unsere entwicklungs*richtigen* Ziele und Aufgaben nicht befriedigend verwirklichen. Ohne Disziplin verläuft unser Leben wie ein «leeres Geschwätz».

Einige entwicklungsrichtige Regeln für die Kindererziehung

Das Kind über das entwicklungs*richtige*, Freude und Heil bewirkende und über das entwicklungswidrige, Unfreude und Unheil verursachende Denken und Handeln aufklären.

Das Kind dazu anhalten, die eigenen und die Verhaltensweisen der Mitmenschen – auch der Erzieher – ständig zu prüfen, ob sie entwicklungs*richtig* sind.

Dem Kind die entwicklungs*richtige* Liebe zum Mitmenschen lehren (Hilfsbereitschaft, Rücksicht, Verzeihen des Unrechts, Höflichkeit, Dankbarkeit und so fort). Aber es auch darüber aufklären, daß es die entwicklungswidrigen Verhaltensweisen der Mitmenschen ablehnen und sich vor ihnen schützen muß.

Das Kind immer wieder erleben lassen: Selbstbeherrschung, Sauberkeit, Ordnung sind für die Gesundheit des Körpers, seine Leistungsfähigkeit und für das menschliche Zusammenleben wichtig, unerläßlich.

Dem Kind, von früher Jugend an, entwicklungs*richtige*, die Gemeinschaft (Familie und so fort) fördernde Aufgaben zuordnen und es lehren, diese *umsichtig* und *tatkräftig* auszuführen.

Hohe Erwartungen an die Leistungsfähigkeit des Kindes stellen, und es ermutigen.

Das Kind uneingeschränkt lieben. Auch wenn es sich anders verhält, als wir gern möchten. Und es auf das entwicklungs*richtige* Verhalten mit Geduld und Güte hinlenken.

Das Kind muß sich unbedingt auf uns verlassen können. Es muß wissen und täglich erleben, daß wir die entwicklungs*richtigen* Verhaltensweisen unterstützen und die entwicklungswidrigen ablehnen.

Feste Führung

Solange die Kinder und Halbwüchsigen nicht ausreichend selbständig denken können, noch nicht das Wissen und die Erfahrung haben, um die – für die eigene Entwicklung und für die Beziehungen zur Mitwelt – entwicklungs*richtigen* Verhaltensweisen zu erkennen und anzuwenden, brauchen sie eine *feste*, aber gütige, geduldige Führung.

Die Vernachlässigung dieser Führung zu entwicklungs*richtigem* Denken und Handeln durch Eltern, Elternvertreter und Schule ist falsch und ein *schwerwiegendes menschliches Versagen.*

Protest und Pflicht

Oft protestieren die Jungen gegen die Erwachsenen, nur um sich vor ihrer «Pflicht» zu drücken.

Was ist «Pflicht»? In der jeweiligen Lage sich entwicklungs*richtig* – lebensfördernd – zu verhalten.

Gute und schlechte Beispiele

Das Verhalten der Menschen, und auch die Darstellung menschlicher Verhaltensweisen, prägen in den Mitmenschen Regelstrukturen, die deren künftiges Verhalten beeinflussen.

Dies erklärt die segensreiche Wirkung der «guten» und die abträgliche der «schlechten» Beispiele.

Je weniger bewußt die Menschen sind, desto unbehinderter von Zweifeln und Kritik, und daher unmittelbarer und stärker, prägen sich in ihnen Regelstrukturen, die ihr künftiges Verhalten mitbestimmen. Deshalb sollten den Kindern, Halbwüchsigen und den unkritischen Erwachsenen, zum Beispiel, niemals entwicklungswidrige Verhaltensweisen im Fernsehen, Film, Rundfunk, Theater und in Druckwerken dargeboten werden, ohne gleichzeitig deutlich zu machen, daß – und aus welchen Gründen – sie entwicklungswidrig, daher abzulehnen sind.

Zuchtlosigkeit

Die Zügellosen sollten von der Gemeinschaft in festen Schranken gehalten werden, solange sie dazu selbst nicht fähig sind, und mit ihren entwicklungswidrigen Verhaltensweisen ihre Mitwelt gefährden und schädigen.

Psycho-Analyse und Verhaltenstherapie

Das Aufdecken der Entstehungsursachen von entwicklungswidrigen Verhaltensweisen («Fehlverhalten») ist zwar für das Verständnis der psychischen Zusammenhänge und ihrer Wirkungen wichtig. Aber damit sind entwicklungswidrige Verhaltensweisen nicht zu überwinden.

Entwicklungswidrige Verhaltensweisen lassen sich nur ausschalten, wenn die Regelstrukturen, die sie verursachen, gelöscht und durch Regelstrukturen für ein entwicklungs*richtiges* Verhalten ersetzt werden. Das Prägen und Löschen von Regelstrukturen geschieht, wie wir wissen, durch unbewußtes und bewußtes Lernen (Er-fahren, Konditionieren).

Um die Menschen von ihrem Fehlverhalten sicher zu befreien, genügt es deshalb, ihnen

(1) klarzumachen, daß die Regelstrukturen – die Lenkungsprogramme und -mechanismen –, die ihr entwicklungswidriges Denken und Handeln auslösen und bestimmen, teilweise ererbt wurden, und teilweise sich durch die Erfahrungen mit dem eigenen Körper und durch Mitwelteinflüsse – besonders nachhaltig in den ersten fünf Lebensjahren – gebildet haben;

(2) zu erläutern, welche entwicklungs*richtigen* Verhaltensweisen sie anstreben sollten, um ihr Fehlverhalten zu überwinden;

(3) zu helfen, diese entwicklungs*richtigen* Verhaltensweisen systematisch, Schritt für Schritt zu erlernen.

Die Erforschung der erb- und mitweltbedingten Ursachen für die Entstehung der Regelstrukturen, die das Fehlverhalten bewirken, ist für dessen Überwindung nicht erforderlich.[27]

---

[27] Vergleiche u. a. H. J. *Eysenck* «Neurose ist heilbar» (Fischer-Verlag).

Kunst

Kunstwerke

Als Kunstwerke sollten nur bezeichnet werden

(1) Darstellungen des Entwicklungs*richtigen*;

(2) Darstellungen des Entwicklungswidrigen mit *entwicklungsrichtiger Zielsetzung*, mit der Absicht, dadurch die Überwindung des Entwicklungswidrigen anzuregen oder zu erreichen;

durch *Künstler* – Meister der Musik, des Dichtens, der Bildhauerei, Malerei, des Tanzes und so fort.[28]

Mißbräuchliche Verwendung künstlerischer Fähigkeiten

Die Darstellung von Lebenswidrigem ohne entwicklungs*richtige* Zielsetzung – ohne die Absicht, es dadurch zu überwinden – ist eine mißbräuchliche Verwendung der meisterlichen Fähigkeiten des Künstlers, die seine «Quellen» trüben oder gar verschütten kann.

---

[28] Vergleiche u. a. die anklingenden Aussagen moderner Maler, wie von *Henri Matisse, Wassilij Kandinsky, Max Beckmann* und *Max Ernst*.

Wirkung des Kunstwerkes

Das Kunstwerk wirkt durch seine Entwicklungs*richtigkeit*. Wenn wir es mit «Gefühl und Verstand wahrnehmen», empfinden wir wohltuend seine Übereinstimmung mit dem Lebensstrom in uns.

Zukunft der Kunst

In den bisherigen Kunstwerken wurde das Entwicklungs*richtige* meist unbewußt dargestellt. Die Künstler in der Zukunft werden es bewußt in ihren Werken zum Ausdruck bringen.

Vielleicht wird bald ein neuer Morgen der Kunst anbrechen.

Recht

Das allein gültige Maß für Recht und Rechtsauslegung

Für das Recht und die Rechtsauslegung kann und darf nur das *Prinzip der Entwicklungsrichtigkeit* das allein gültige Maß sein.

Das Gerechte, das Entwicklungs*richtige*, überall zur Herrschaft bringen – ohne Kompromisse.

Erläuterungen der Gesetze

Sobald die Menschen die Entwicklungs*richtigkeit* der Gesetze – ihre Übereinstimmung mit den Erfordernissen des menschlichen Lebens – begreifen, halten sie sich daran. Deshalb sollten sie ausführlich erklärt und begründet werden.

Wenn Gesetze und Gebote von psychisch gesunden Menschen, mit normalem Denkvermögen, nicht beachtet werden, sind die Regelungen entweder entwicklungswidrig oder nicht ausreichend erläutert worden.

Zum Schutz der Gemeinschaft die psychisch Labilen und Kranken durch die Androhung von harten, strengen Maßnahmen von der Übertretung der Gesetze abschrecken.

Gesetzesbrecher

Die Menschen, die mit ihren entwicklungswidrigen Verhaltensweisen ihre Mitmenschen oder die übrige Mitwelt über das tolerierbare Maß hinaus schädigen – die Gesetzesbrecher –, zur bestmöglichen Wiedergutmachung des verursachten Schadens veranlassen, sie zu entwicklungs*richtigem* Verhalten erziehen und notfalls so lange «verwahren», bis es wahrscheinlich ist, daß sie künftig ihre Mitmenschen nicht mehr gefährden und benachteiligen werden.

Die Erziehung der Gesetzesbrecher zu entwicklungs*richtigem* Verhalten ist eine genauso wichtige Aufgabe der menschlichen Gemeinschaft wie die Erziehung und Ausbildung der Kinder in den Schulen, und erfordert entsprechend ausgebildete Psychologen und Pfleger.[29]

Lückenhafte Gesetzgebung

Die Gesetzgebung wird neuen Erfordernissen, die sich aus sozialen, wissenschaftlichen, technischen oder wirtschaftlichen Entwicklungen ergeben, oft zu langsam angepaßt.

So fehlt beispielsweise noch immer die Androhung von harten, strengen Maßnahmen, um wirksam einzudämmen: das Verführen zum Nikotin-, Alkohol-, Rauschgift- und Suchtdrogenkonsum und die untolerierbare Beeinträchtigung der Mitwelt – was die betroffenen Menschen ungleich stärker schädigt, als zum Beispiel, Diebstahl oder Raub materieller Güter, die mit hohen Strafen geahndet werden.

---

[29] Siehe: «Schuld», Seite 91.

Wirtschaft

Welche Aufgabe hat die Wirtschaft?

Die Aufgabe der Wirtschaft besteht darin, für die Menschen *entwicklungsrichtige Daseinsvoraussetzungen* – Waren, Wohnungen, Dienstleistungen und sonstige Mitweltbedingungen zu schaffen, die sie *bestmöglich fördern.*

Wirtschaftslenkung

Je mehr Menschen die Erde bewohnen, je rascher der soziale, wissenschaftliche und technische Fortschritt, desto unerläßlicher ist das Aufstellen *entwicklungsrichtiger wirtschaftlicher Ziele und Verhaltensweisen*, in ständiger Anpassung an die sich wandelnden Gegebenheiten. Ohne solche Richtlinien, die für alle Wirtschaftenden verbindlich sein müssen, sind schwere Schädigungen der menschlichen Gemeinschaft unvermeidbar.[30]

---

[30] Beispiele für die Auswirkungen des Fehlens einer entwicklungs*richtigen* Wirtschaftslenkung:
(1) Die hemmungslose Ausdehnung der Öl- und Autoindustrie nach dem Zweiten Weltkrieg, die u. a. zur Vernachlässigung der Massenverkehrsmittel, der Erforschung und Verwendung der Sonnen- und Erdwärme und anderer unerschöpflicher und erneuerbarer Kraftquellen, und gebietsweise zu einer, das menschliche Dasein bedrohenden Verschmutzung

Wie weit die Freizügigkeit der Wirtschaftenden beschränken?

Die Freizügigkeit – die eigene Initiative – der wirtschaftenden Menschen und Organisationen darf nur so weit begrenzt werden, als es für die Sicherung und Verwirklichung der entwicklungs-*richtigen*, die menschliche Gemeinschaft fördernden wirtschaftlichen Ziele erforderlich ist.

Jede darüber hinausgehende Lenkung stört, hemmt – ist entwicklungswidrig, weil sie die Entfaltungs- und Wirkungsmöglichkeiten der Wirtschaftenden unnötig behindert.

Wie könnten in der Wirtschaft entwicklungswidrige Verhaltensweisen weitgehend verhindert werden?

Fast alle entwicklungswidrigen – lebensschädigenden – wirtschaftlichen Verhaltensweisen und Zustände könnten auf *sehr einfache Weise* verhindert werden: wenn man die *wirtschaftenden Menschen, Unternehmen und Institutionen rigoros für*

---

und Vergiftung der Luft, des Wassers und Bodens geführt hat.

(2) Der Betrieb von Atomkraftwerken, die Herstellung von Giften und Viren, die die Menschheit teilweise oder ganz vernichten können – infolge *niemals völlig ausschließbarer* menschlicher Fehlleistungen und technischer Gebrechen. (Die alte Menschheitserfahrung: Unglücke, die geschehen können, geschehen auch…)

die Schäden, die sie durch Unfähgikeit, Fahrlässigkeit oder bewußt verursachen, verantwortlich und haftbar machen würde.

Schädigungen durch Wirtschaftende

Beispiele lebenswidriger Verhaltensweisen in der Wirtschaft:

Die Herstellung und der Anreiz zum Verbrauch oder Gebrauch von Waren und Dienstleistungen, die nicht zur lebensrichtigen Gestaltung des Daseins beitragen oder gar die Gesundheit der Menschen schädigen, ihre Bewußtheit beeinträchtigen oder sonstige entwicklungswidrige Wirkungen haben, wie zum Beispiel: Nahrungsmittel mit Spuren giftiger Unkraut- und Insektenvernichtungs- oder Konservierungsmittel; pharmazeutische Erzeugnisse, die nur die Symptome, nicht aber die Ursachen der Krankheiten beseitigen oder andere Krankheiten und Nachteile zur Folge haben; Rauschgifte und -Drogen für nicht medizinische Zwecke; nikotinhaltige Raucherwaren; Chemieprodukte, die nicht wieder in den Stoffkreislauf zurückgeführt werden können und die Mitwelt dauernd belasten; ungesunde Wohnungen; das Verbreiten falscher Informationen (unwahre Nachrichten, Verschweigen von Tatsachen und tendenziöses Hervorheben anderer, unsachliche, fachlich unzureichende oder tendenziöse Kritiken usf.), die zu einer Fehleinschätzung von Ereignissen und Gegebenheiten führen; Unterhaltungsmittel, die die Menschen verrohen oder verängstigen; das Irreleiten des Sexualtriebes durch Literatur und Bild, das ein den Leib, das Denkvermögen und Zusammenleben schädigendes Verhalten auslösen kann; das Vergiften der Mitwelt durch Strahlen, Gase und Stoffe; Korruption; Hehlerei; die Maßnahmen der Hersteller zur vorsätzlichen Verkürzung der Lebensdauer ihrer Produkte; das Verzögern der Verwendung von Erkenntnissen und Erfindungen für die Verbesserung der Waren, Dienstleistungen und Mitweltverhältnissen; das Festsetzen ungerechter Preise, Zinsen und Arbeitsentgelte; die Spekulation mit Rohstoffen und anderen Gütern; jede andere Manipulation von Produktion, Angebot und Nachfrage zum Schaden der menschlichen Gemeinschaft; und so fort.

Import – Export

Der Import von Gütern – Waren und anderen Leistungen – ist für das importierende Wirtschaftsgebiet nur dann von volkswirtschaftlichem Nutzen, wenn dadurch ein aktueller Notstand behoben oder eine dauernde Verbesserung der Lebensverhältnisse der Bevölkerung erreicht wird, die nur dadurch zu erreichen ist.

Der Import von Gütern, die im eigenen Wirtschaftsgebiet in ausreichender Qualität und Menge erzeugt werden können, schwächen unnötig dessen Wirtschaft. Die Schwächung entsteht durch den Kapitalaufwand für diese Güter und *vor allem durch den Verlust des Impulses*, den ihre Produktion im eigenen Wirtschaftsgebiet, in einer Kettenreaktion, auf alle Bereiche der Wirtschaft bewirken würde.

Der Import solcher Güter ist für das importierende Wirtschaftsgebiet nur so lange tragbar und zumutbar, wie ihm Exporte mit etwa dem gleichen volkswirtschaftlichen Gegenwert (Deviseneinnahmen und Nutzen – Impulswert – durch deren Produktion) ermöglicht werden.[31]

Der Import und Export von Gütern, die die Menschen in irgendeiner Weise schädigen – die entwicklungswidrig sind – sind absolut zu unterlassen; Zuwiderhandelnde haftbar zu machen.

Erfindungen und andere Neuerungen

Lebensfördernde Neuerungen – Erfindungen, Know-How usf. – sollten gegen eine angemessene Lizenz von allen interessierten Wirtschaftenden *ohne Verzögerung* verwertbar sein, damit sie möglichst vielen Menschen so rasch wie möglich zu gute kommen können.

---

31 Die schwächende Wirkung der Importe ohne ausgleichende Exporte ist u. a. beispielhaft erkennbar an der ungünstigen Entwicklung der wirtschaftlichen Kraft der USA nach dem Zweiten Weltkrieg. Die USA haben in dieser Zeit in den Stahl-, Auto-, Chemie-, Elektronik-, Konsumgüter-, Bau- und sonstigen Unternehmen, allein durch den Ausfall der Produktionsimpulse, Millionen Arbeitsplätze und Tausende Milliarden Dollar eingebüßt.

(Neuerungen sind ein Ergebnis der intellektuellen Kapazität der *ganzen* Menschheit...)

Arbeit

Wir verstehen unter Arbeit jede Tätigkeit des Menschen zum Erforschen, Verwirklichen, Ausführen entwicklungs*richtiger* Ziele und Aufgaben, für sich selbst, die menschliche Gemeinschaft oder die übrige Mitwelt.

Jede Arbeit, die auch von *Maschinen ausgeführt werden kann*, auf diese übertragen, damit die Menschen frei werden für gestaltende, initiative, forschende, planende, kontrollierende Tätigkeiten und solche, bei denen der menschliche Kontakt dominant wichtig ist – in der Erziehung, Kinder- und Krankenpflege, in den Schulen, bei der Weiterbildung, im Haushalt, im Dienst für den Gast und so fort.

Die vollständige Verteilung der Arbeit in dieser Weise – auf Mensch und Maschine – wird erst möglich sein, wenn unter anderem durch die intensive Nutzung der Sonnenstrahlung und Erdwärme, überall unbeschränkte Antriebskräfte für Maschinen verfügbar sind; und die Menschen einen Ausbildungsstand erreicht haben, der sie befähigt zu verhüten, daß eine zu lange Frei-Zeit sie selbst und die Gemeinschaft gefährdet.

Der Mensch sollte sich *sorgfältig für die Arbeit aus- und weiterbilden*, mit der er, auf Grund seiner Anlagen und Neigungen, seine eigene Entwicklung und die der Gemeinschaft optimal fördern kann; und möglichst Tätigkeiten übernehmen oder übertragen erhalten, die seinen Kenntnissen und Fähigkeiten entsprechen.

Jede Arbeit sollte *genau geplant und so vollkommen wie möglich* ausgeführt werden – zum Wohl des einzelnen und der menschlichen Gemeinschaft.

Wer keine Arbeit zur Erhaltung des eigenen Lebens und keinen angemessenen Beitrag für die Gemeinschaft leistet – obgleich gesundheitlich dazu in der Lage und noch nicht im Ruhealter – oder *wer sich nicht bemüht, seine Arbeit bestmöglich auszuführen*, verhält sich *parasitär*, belastet die Gemeinschaft.

Die Arbeit muß dem Menschen genügend *Frei-Zeit* lassen, zu ausreichender Erholung und zum Vervollständigen seiner Selbstverwirklichung[32] durch Weiterbildung, künstlerische und sportliche Betätigung, Meditation und so fort.

Das *Entgelt* für die Arbeit sollte der erbrachten Leistung entsprechen (Bewertungsmaßstäbe: Initiative, Neuschöpfung, Verantwortungswert, Wissen und Kenntnisse, Perfektion der Arbeit, psychische und physische Beanspruchung, Arbeitszeit). Das Mindestarbeitsentgelt muß die Beschaffung ausreichender Nahrung,

---

[32] Selbstverwirklichung ist *bewußte entwicklungsrichtige* Daseinslenkung und -erfüllung.

Kleidung, Wohnung, Gesundheits- und Alterssicherung und die optimale Erziehung, Aus- und Weiterbildung der Arbeitenden und ihrer Familien ermöglichen.

Jahrzehntelang werden wohl noch etwa 1500 Arbeitsstunden jährlich je Erwachsener (bis zum Ruhealter) erforderlich sein, um für alle Völker der Erde, *nach einem, von diesen gemeinsam zu erstellenden, kybernetischen Plan*, Lebensbedingungen zu schaffen, die mit Hilfe der Erkenntnisse und Fähigkeiten des 20. Jahrhunderts anzustreben und erreichbar sind.

Wirtschaftsentwicklung

Die Entwicklung der Wirtschaft ist von den Menschen fast beliebig lenkbar. Sie unterliegt keinesfalls einem unabänderlichen Geschick.

Sobald in der Wirtschaft die entwicklungs*richtigen* Ziele und Verhaltensweisen vorherrschen, wird sie krisenfrei und schafft immer bessere Daseinsbedingungen. *Die alleinigen Ursachen wirtschaftlicher Schwierigkeiten* – solche höherer Gewalt ausgenommen – *sind entwicklungswidrige wirtschaftliche Ziele und Verhaltensweisen.*

Wie könnten die Lebensbedingungen der Menschen ständig verbessert werden?

(1) In den einzelnen Wirtschaftsgebieten (Staaten usf.) für alle Lebensgebiete – ausgehend von den bestehenden Zuständen und im Hinblick auf die zu erwartende Langzeit-Entwicklung – jeweils die in den nächsten Jahren realisierbaren Ziele zur Verbesserung der menschlichen Daseinsbedingungen erforschen und planen lassen, durch befähigte, entwicklungs*richtig* denkende Vertreter aller Gruppen der menschlichen Gemeinschaft (Wissenschafter; Künstler; Fachleute des Staates, der Wirtschaftsunternehmen, Verwaltungsorganisationen, der Verbraucher und so fort).

(2) Die Maßnahmen zum Verwirklichen der erforschten neuen Ziele zur rechten Zeit veranlassen, u. a. die für die veralteten Ziele tätigen Menschen und verwendeten Mittel (Boden, Bodenschätze, Fabriken, Werkzeuge, Maschinen, Geld) auf die neuen umlenken.[33]

---

[33] Ein Beispiel für den Erfolg der kollektiven Suche nach dem optimalen volkswirtschaftlichen Weg ist der seit dem Zweiten Weltkrieg kometenhafte Aufstieg der Stahl-, Auto, Foto-, Uhren-, Elektronik-Industrie Japans, durch die ständige *planende*

(3) Um das Verwirklichen der neuen Ziele nicht zu verzögern, müßte die Allgemeinheit – der die rechtzeitige Umstellung zugute kommt – die Kosten für die eventuell erforderliche Umschulung der Menschen und die Verluste, die entstehen, wenn Investitionen für die veralteten Ziele nicht mehr amortisiert werden können, übernehmen.

Der augenfälligste Beweis für die ständige Verbesserung der Lebensbedingungen der Menschen – für das Entstehen von steigendem «Wohlstand» und einer «blühenden Wirtschaft» – durch das Verwirklichen entwicklungs*richtiger* Ziele, ist der Wiederaufbau eines Landes nach Kriegsverwüstungen, trotz oft, wie es scheint, völlig unzureichender Mittel.

Aktuelle Beispiele entwicklungs*richtiger* Wirtschaftsziele und -aufgaben für industrialisierte Länder – die dem Wiederaufbau nach Kriegsverwüstungen an Wichtigkeit nur wenig nachstehen –, sind:

(1) die umfassende Grundschulung und ständige Weiterbildung der Menschen durch sorgsam ausgebildete Lehrkräfte, mit Hilfe der fortschrittlichsten Lehrmethoden und

---

Zusammenarbeit von MITI (Ministerium für Industrie und Außenhandel), mit KEIDANREN (Vereinigung der Vertreter der Industrie, Banken, Wissenschafter u. a.)

Lehrmittel (Lehrfilme, Lernmaschinen, Lehr- und Experimentierwerkstätten und so fort)[34];

(2) die Umstellung der Landwirtschft auf die Erzeugung von Nahrungsmitteln, ohne die Verwendung von Unkraut- und Insektenvernichtungsgiften und anderer Mittel und Methoden, welche die Gesundheit der Menschen beeinträchtigen und die künftige Verwendbarkeit des Bodens für die Pflanzenzucht und den «Wasserhaushalt» gefährdet[35];

(3) der Umbau der Wohnstädte zu gesunden, angenehmen, menschenwürdigen Lebensräumen, mit unschädlicher Luft, reinem Wasser, ohne gesundheitsschädlichem Lärm; unterteilt in überschaubare, einfach zu verwaltende Bezirke; mit Straßen und Plätzen, auf denen wieder die Menschen dominieren, und nicht lärmende und giftige Abgase verbreitende Maschinen (beispielsweise durch den Personen- und Warentransport auf den Straßen der Städte mit Elektro-

---

34 Staaten, die sich dazu nicht entschließen, werden in kurzer Zeit auch viel von ihrer volkswirtschaftlichen Kraft verlieren, sofern diese auf naturwissenschaftlicher Forschung und Technik beruht.

35 Dadurch würde auch eine Rückwanderung vieler Stadtbewohner in ländliche Gebiete, eine günstigere Bevölkerungsverteilung, erreicht werden.

fahrzeugen und die Einschränkung des Individualverkehrs);

(4) der Ersatz veralteter Wohnungen durch neue, die die Gesundheit und das Wohlbefinden der Menschen günstig beeinflussen; der Bau von modernen Kindergärten, Altersheimen und Gemeinschaftszentren in ausreichender Zahl;

(5) Der Bau neuer Verkehrsanlagen und -mittel, um die Fahrt zwischen Wohnungs-, Arbeits- und Erholungsgebieten zu verkürzen, gesünder und angenehmer zu machen;

(6) die Schaffung einer bestmöglichen Gesundheitsförderung und Krankenfürsorge (unter anderem durch Errichtung von Erholungs- und Sportanlagen in den Bergen, an den Meeren und Wäldern und von Kranken- und Genesungshäusern in genügender Zahl);

(7) der optimale Ausbau der Institutionen zur Verhinderung von Verbrechen; der Bau menschenwürdiger Gefängnisse; die Erziehung der Gesetzesbrecher zu entwicklungs-*richtigem* Denken und Handeln; die Verwahrung von Gesetzesbrechern so lange, bis sie voraussichtlich ihre Mitmenschen nicht mehr gefährden und schädigen werden;

(8) die bestmögliche Ausnutzung der Sonnenstrahlung und Erdwärme und der anderen

unerschöpflichen und der erneuerbaren Kraftquellen, um u. a. das Erdöl durch Wasserstoff und Elektrizität, für den Antrieb von Autos, Flugzeugen und andere Transportmittel und für die Heizung von Wohn- und Industriebauten, zu ersetzen;

(9) die Beseitigung der Produktionsanlagen (Atomkraftwerke, Giftstoffabriken, usf.) und der Materialien (Atombomben, Gifte usf.), die infolge menschlicher Fehlleistungen oder technischer Gebrechen, die Menschheit schwer schädigen, teilweise oder ganz vernichten können.[36]

(10) die umfassende, entwicklungs*richtige* Anwendung der jeweils fortschrittlichsten Technologien in allen wirtschaftlichen Bereichen, in Industrie, Landwirtschaft, Verwaltung usf.

(11) die Schaffung einer Forschungsstelle zum Beobachten der Auswirkung wissenschaftlicher und technischer Neuerungen auf Mensch und Mitwelt; und zum Erarbeiten und Durchsetzen von Maßnahmen, um lebenswidrige Folgen der Neuerungen zu verhindern.

---

[36] Siehe Seite 99.

Das Verwirklichen der entwicklungs*richtigen* Ziele und Aufgaben ist jederzeit finanzierbar. Es gibt sicherwirkende Methoden und Maßnahmen, um sowohl einen Kapitalmangel, als auch die Gefahr einer Geldentwertung, zu verhindern.[37]

Die Wirtschaft, die in entwicklungsrichtiger Weise dem Menschen dient, kennt keine Krisen. Sie verwirklicht die immer neuen, der Entwicklung angepaßten Ziele zur Verbesserung des menschlichen Daseins.

Die entwicklungs*richtig* gelenkte Wirtschaft hat einen ständigen *Mangel an Arbeitskräften*, weil die Aufgaben, die zum Wohl der Menschheit ausgeführt werden müssen, zahllos sind.

Führende, maßgebende Staatsmänner, Politiker, Verwaltungsfachleute, Wirtschaftende (Arbeitnehmer- und Arbeitgebervertreter), die das rechtzeitige Erforschen und Verwirklichen der für die einzelnen Zeiträume entwicklungs*richtigen*, wirtschaftlichen Ziele und Aufgaben – und damit die ständige Verbesserung der Lebensbedingungen der Menschen – aus Unfähigkeit oder anderen entwicklungswidrigen Gründen verzö-

---

[37] Beispielsweise:
(1) verbindliche Richtlinien für die Gestaltung von Preisen, Zinsen und Löhnen.
(2) Anleihen mit langer Laufzeit, geringer Verzinsung und Wertsicherung auf Basis des Durchschnittslohnes.

gern oder gar verhindern, müßten durch geeignetere Menschen ersetzt werden.[38]

Materieller Besitz

Die Güter, die uns gegeben werden oder die wir erwerben, sollten wir als Lehen verstehen, welches wir treuhänderisch zu verwalten und für die entwicklungs*richtige* Gestaltung des Daseins zu verwenden haben, vor allem für die Erziehung, Ausbildung und die Erweiterung der Bewußtheit von uns selbst und den Menschen, die wir beeinflussen können.

---

[38] Infolge der stürmischen Zunahme naturwissenschaftlicher Erkenntnisse und technischer Möglichkeiten, und der starken Vermehrung der Weltbevölkerung, können wirtschaftliche Fehlentwicklungen mit bisher praktizierten Wirtschaftssystemen nicht verhindert werden – noch viel weniger als jemals zuvor. *Die Wirtschaft braucht heute und in Zukunft eine entwicklungsrichtige Lenkung durch die Fähigsten der menschlichen Gemeinschaft.* Nur mit permanenter entwicklungs*richtiger* Zielsetzung und zielführender Arbeit, die für alle Wirtschaftenden verbindlich sein müssen, sind unabsehbare Nachteile und Gefahren für die Allgemeinheit, Unordnung und Destruktion zu vermeiden. (Es trifft nicht zu, daß entwicklungs*richtige* Leitlinien die Eigeninitiative der wirtschaftenden Menschen, Unternehmen und Institutionen ausschalten. Es werden damit nur die Grenzen gezogen, um den wirtschaftlichen Fortschritt, die ständige Verbesserung der menschlichen Lebensbedingungen,

Das Sammeln und Horten von Gütern, die für entwicklungs*richtige* Zwecke nicht gebraucht werden – auch nicht für die entwicklungs*richtige*, materielle Sicherung der Zukunft von uns selbst und den Menschen, für die wir zu sorgen haben –, ist ein gedankenloses oder krankhaftes Fehlverhalten.[39]

Wirtschaft und Politik

Die entwicklungs*richtigen* wirtschaftlichen Ziele und Verhaltensweisen bewirken allgemeinen Wohlstand – gleichgültig, welche gesellschaftlichen Gruppen im Wirtschaftsgebiet die politische Macht besitzen; dominieren in der Wirtschaft entwicklungswidrige Ziele und Verhaltensweisen sind chaotische, *alle* Menschen bedrohende soziale Zustände die zwangsläufigen Folgen.

---

zu sichern. Innerhalb dieser Ziel- und Verhaltensgrenzen *unterliegt die Eigeninitiative keiner Beschränkung und ist optimal zu fördern.*)

39 Siehe: «Für uns beste Lebensbedingungen» auf Seite 64.

Tod

Was will der Mensch vor allem vor dem Tod bewahren?

Es geht dem Menschen vor allem um die Erhaltung seiner Bewußtheit. Der Leib ist ihm das Hilfsmittel, damit er bewußt leben kann.

Um die Bewußtheit vor dem endgültigen Erlöschen zu bewahren, wären die meisten Menschen bereit, unheilbare Organe ihres Leibes auszutauschen, und – falls möglich – aus ihrem sterbenden oder hoffnungslos beschädigten Leib ihr gesundes Gehirn in einen gesunden Leib, dessen Gehirn unheilbar ist, zu verpflanzen.

Unsterblichkeit – eine Utopie?

Der Tod der Menschen durch Alterung würde erst dann nicht mehr eintreten – nicht mehr zur Entwicklung ihrer Art notwendig sein –, wenn sie eine so hohe Bewußtheit erreicht haben, daß ihre weitere Entfaltung besser und schneller ohne Sterben möglich wäre. Auf dieser Bewußtheitsstufe würde es ihnen gelungen sein, ihr Gehirn und alle übrigen leiblichen Organe nicht nur zu erhalten, sondern ständig zu vervollkommnen.

Solange die Bewußtheit der Menschen aber geringer ist, wird die Entwicklung durch Tod und Geburt, durch das Entstehen von Menschen mit immer neuen Gen-Kombinationen – Erbmassen – in Gang gehalten.

Selbstmord

Solange das reflektierende Denken des Menschen nicht endgültig versagt, besteht die Möglichkeit, daß er für sich und die Mitwelt entwicklungs*richtig* denkt und handelt, das heißt: Entwicklungsrichtiges für den Urkraftorganismus der Welt leistet. Der Selbstmord des Menschen ist deshalb – genauso wie der Mord eines Menschen und die Todesstrafe – abzulehnen.

Der Selbstmord ist meist eine Folge des fehlenden Überblicks über die Auswege und Wirkungsmöglichkeiten, die das Leben in jeder Lage bereithält. Wer bewußt entwicklungs*richtig* denkt und handelt, wird einen vorzeitigen freiwilligen Tod nie erwägen, außer unerträgliche, nicht verhinderbare Schmerzen machen ein weiteres Leben sinnlos.

Im Zustand der Bewußtlosigkeit frei von Schmerz und Leid

Unsere Bewußtheit wird beim Tod verlöschen, wie im traumlosen Schlaf, in der Ohnmacht oder in der Narkose. Wir erleben das Schwinden unserer Bewußtheit normalerweise alle 24 Stunden mindestens einmal. Wir wissen aus dieser täglichen Erfahrung, daß der Zustand ohne Bewußtheit frei ist von Leid und Schmerz.

Frei von Todesfurcht

Sobald der Mensch sich als eine Konzentrationsform aus Urkraftteilchen, innerhalb des Urkraftorganismus des Alls erkennt und entwicklungs*richtig* denkt und handelt – die Urkraft in ihm sich ihrer selbst bewußt wird –, schwindet seine Furcht vor dem Tod.

Aber er wird alles tun, damit er möglichst lange entwicklungs*richtig* denken und handeln – die Entwicklung des Daseins fördern –, und in Freude leben kann.

Die *Urkraft* der Teilchen, denen der Mensch seine Existenz verdankt – die seinen Körper bilden und ihn, teils während seines Lebens, teils nach seinem Tod, verändert wieder verlassen – ist *unvergänglich*. Im weiteren Verlauf der Entwicklung nimmt sie Anteil am Entstehen immer bewußterer Wesen, und schließlich an der absoluten Bewußtheit...[40]

Gibt es einen Überkosmos, einen «Gott»?

Das Denkvermögen und Wissen des heutigen Menschen ermöglicht noch keine zureichende Antwort. Außerdem ist die eventuelle Existenz eines Überkosmus für die Ziele und Verhaltensweisen der Menschen ohne Belang.

---

40 Siehe: «Was ist das erkennbare nächste Ziel der Entwicklung der Urkraft?» auf Seite 80.

Gesetzt den Fall, es gäbe einen Überkosmos, der unseren Kosmos – die Urkraft und das sie bewegende Entwicklungs-Prinzip – geschaffen, aus sich heraus geboren hätte: dann würde alles Entwicklungs*richtige* in unserem Kosmos auch im «Sinne» des Überkosmos sein; und unsere Gedanken und Taten, die mit der kosmischen Entwicklung harmonisieren, wären dadurch auch mit dem Überkosmos ganz im Einklang.

Durch unser entwicklungs*richtiges* Denken und Handeln entsteht deshalb in uns die *Freude*, und unser Leben ereignet sich in der bestmöglichen Weise – mag es einen Überkosmos (und vielleicht auch noch einen Über-Überkosmos und so fort) geben oder nicht geben.

Einige Fragen zur wöchentlichen Prüfung des eigenen Verhaltens

«Denke und handle ich entwicklungsrichtig, entsteht in mir das Gefühl der Freude, und mein Leben ereignet sich in der bestmöglichen Weise.»

«Denke und handle ich entwicklungswidrig, bin ich auf Schritt und Tritt gefährdet, und ohne Freude.»

Habe ich entwicklungs*richtige* Ziele für meine Gesundheit (maßvolle, möglichst vegetarische Ernährung; nicht verweichlichende Kleidung und Wohnung; tägliche Leibesübungen usf.), für meine Weiterbildung, für meine Beziehungen zu den Mitmenschen und für meine Mitarbeit in der menschlichen Gemeinschaft?

Ermittle ich in jeder neuen Lage und für jeden neuen Tag die entwicklungs*richtigen* Aufgaben, die ich für mich selbst, für die Mitmenschen und die übrige Mitwelt ausführen sollte?

Plane ich die Maßnahmen und den Aufwand an Zeit und Mitteln, um meine Ziele und Aufgaben bestmöglich verwirklichen, beziehungsweise ausführen zu können?

Führe ich die Maßnahmen zur Verwirklichung meiner Ziele und Aufgaben entschlossen, rasch, tatkräftig, umsichtig, sorgfältig und unaufhaltsam aus?

Reihe ich, ohne Unterbrechung, eine entwicklungs*richtige* Verhaltensweise an die andere? (Arbeit, Erholung, Weiterbildung, Meditation und so fort.)

Beherrsche ich meine Triebe, damit sie sich nur fördernd für mein Leben und die Mitwelt auswirken?

Vermeide ich Gewohnheiten, sobald sie entwicklungswidrige Auswirkungen haben?

Bin ich unbeirrbar wahr in Wort und Tat? (Ohne unnötig zu verletzen?)

Vermeide ich unnützes Gerede? Sage ich das Entwicklungs*richtige* mit wenig Worten und schweige?

Verwalte ich meinen materiellen Besitz treuhänderisch und verwende ich ihn für entwicklungs*richtige* Zwecke?

Bemühe ich mich in allem um Ordnung, um entwicklungs*richtige* Gestaltung?

Liebe ich meine Mitmenschen, das heißt: fördere ich sie und schädige sie niemals? Begegne ich ihnen – auch Feinden und Undankbaren – mit Wohlwollen und Wärme?

Lehne ich aber die entwicklungswidrigen Ziele und Verhaltensweisen der Mitmenschen und der menschlichen Organisationen (Staaten, Verbände, Unternehmen usw.) entschieden ab und warne ich davor – ohne zu beleidigen?

Helfe ich den Mitmenschen und menschlichen Organisationen ihre entwicklungs*richtigen* Ziele und Verhaltensweisen zu finden, indem ich ihnen meine Meinung mitteile und sie begründe?

Vermeide ich es, Kraft, Zeit oder Mittel zu verschwenden für Menschen, die sich – bei ausreichender eigener Bemühung – auch selbst helfen könnten?

Befolge ich Weisungen von Mitmenschen, und erfülle ich ihre Wünsche nur, wenn ich überzeugt bin, daß diese entwicklungs*richtig* sind?

Ist mein Benehmen höflich, zurückhaltend, taktvoll, einfach?

Bin ich, wenn ein Unfrieden droht, besonders zuvorkommend, duldsam, hilfreich? Versuche ich in Zweifelsfragen und bei Differenzen die entwicklungs*richtigen* Lösungen zu finden und dafür geduldig und wohlwollend die Zustimmung zu erreichen?

Erkenne ich die Leistungen meiner Mitmenschen an? Ermutige ich sie, damit ihnen immer Vollkommeneres gelingt?

Helfe ich mit, die tüchtigen, entwicklungs-

richtig denkenden und handelnden Menschen an die führenden Stellen der Gemeinschaft zu bringen?

Vermeide ich konsequent, mich mit Dingen zu umgeben, die meine Entwicklung – mein Leben – belasten, hemmen?

Bemühe ich mich *unbeirrbar*, die als entwicklungs*richtig* erkannten Ziele, Aufgaben und Verhaltensweisen ohne Vorbehalte zu verwirklichen? Lasse ich mich weder von der Härte, der Schmeichelei oder dem Spott meiner Mitmenschen, noch von vermeintlichen Vorteilen oder Nachteilen davon abbringen?

Für Leser, die ab und zu über Texte des Buches meditieren möchten, eine Anleitung:

Sich auf den Rücken legen – die Arme neben dem Körper, Handflächen nach unten – oder sich mit geradem Rücken entspannt setzen, am besten in einem Yogasitz.

Bei geschlossenen Lidern die Augen auf die Stirnmitte richten und sie ganz entspannen.

Zuschauen, wie der Leib durch die Nase ein- und ausatmet.

Sobald der Atem ruhig fließt, das Thema, über das man meditieren will, sich bildhaft mit allen Einzelheiten vorstellen; es von allen Seiten betrachten; und alle dazu «einfallenden» Gedanken beobachten. Die Meditation kann beliebig lange ausgeführt werden.

Nach der Meditation über das Thema wieder einige Minuten lang dem Atem des Leibes zuschauen und aufstehen.

Beispiele für Meditationsthemen:

«Ich bin eine bewußte ‹Zelle› des unendlichen Urkraftorganismus des Alls»

«In mir und in allen anderen Formen der Welt schwingt der Entwicklungstrieb.»

«Wenn meine Gedanken und Handlungen mit dem Lebensstrom im Einklang sind, wenn sie entwicklungs*richtig* – lebensfördernd – sind, entsteht in mir das Gefühl der Freude und mein Leben ereignet sich in der bestmöglichen Weise.»

«Sind meine Ideen und Taten nicht in Übereinstimmung mit dem Lebensstrom, sind sie entwicklungswidrig – lebensschädigend –, bin ich auf Schritt und Tritt gefährdet und ohne Freude.»

«Ich werde für alle Bereiche und in jeder Lage des Lebens meine anzustrebenden, entwicklungs*richtigen* Ziele und Verhaltensweisen feststellen und sie tatkräftig verwirklichen.»

«Die Erkenntnis, daß der *Urkraftorganismus des Alls mein wahres Ich* und die *Entwicklungsrichtigkeit die unfehlbare Leitlinie für mein Freude und Heil bewirkendes Denken und Handeln* ist, gibt mir ein vollkommen neues Lebensgefühl: ich habe Klarheit, Geborgenheit, Tatkraft, wie nie zuvor.»

Nachwort

Antworten auf Fragen, die oft gestellt werden:

(1) *Warum behauptet der Autor, daß die Theorie Friedrich Nietzsches von der «ewigen Wiederkehr» nicht wahr sein kann?*

Weil die einzigen kosmischen Gewißheiten die All-Einheit ist, und daß ihre Formen sich ständig wandeln, niemals ruhen und sich niemals gleichen werden.

(2) *Wodurch unterscheidet sich grundsätzlich die Ethik der Entwicklungsrichtigkeit von anderen Ethiken, wie der des Aristoteles usf.?*

Die *Ethik der Entwicklungsrichtigkeit* beruht vor allem auf der Überlegung, daß a) die Formen – die Menschen und ihre Mitwelt – untrennbar miteinander verbinden, den Organismus der Welt bilden, b) die Formen – *in ihrer Gesamtheit* – sich ständig weiterentwickeln, c) deshalb *unser Denken und Handeln nur richtig sein kann*, wenn es mit dieser Gesamt-Entwicklung der Welt *gleichgerichtet* ist, wenn es *unsere eigene Entwicklung und die unserer Mitwelt fördert und vermeidbare Beeinträchtigungen verhindert.*

Für Aristoteles war zum Beispiel die Sklaverei durchaus «gut», «naturgemäß». Er dachte wohl nie daran, daß man sie abschaffen sollte. Bestenfalls setzte er sich für eine bessere Behandlung der Sklaven ein, aus ökonomischen Gründen oder weil er vielleicht ein aufkeimendes

Mitgefühl für diese «Wesen menschlicher Art» verspürte.

Für Entwicklungs*richtig*-Denkende hingegen sind *absolut unannehmbar:* die Versklavung von Menschen; oder die Leitsätze anderer Ethiken, welche ebenfalls die *Nicht-Förderung und die vermeidbare Schädigung von Menschen* tolerieren oder manchmal sogar verlangen.

(3) *Gibt es Beweise für die Wirkung von Gedanken auf nichtmenschliche Lebensformen?*

Seit jeher ist bekannt, daß Tiere und Pflanzen besser gedeihen, wenn sie mit einer Atmosphäre der Liebe umgeben werden – man auf sie mit lebensfördernden Gedanken einwirkt. *Luther Burbank*, der wohl erfolgreichste praktische Botaniker, wirkte bewußt gedanklich in entwicklungs*richtiger* Weise auf seine Pflanzen ein und erreichte Züchtungs- und Wachstumsergebnisse, die vor ihm für unmöglich gehalten wurden. U. a. überzeugte er Kakteen – durch entsprechendes «Zureden» –, daß sie in seiner Umgebung sicher seien und deshalb auf ihre Stacheln verzichten könnten.

Die Wirkung der Gedanken auf Pflanzen wird übrigens seit einigen Jahrzehnten systematisch wissenschaftlich untersucht. Man hat u. a. gefunden, daß Pflanzen auf die *Absicht* des Experimentators, eines ihrer Blätter zu versengen, mit «Verängstigung» reagieren, die die Meßgeräte mit erregten Ausschlägen anzeigt.

Der berühmte Biologe *Raoul Francé* berichtete, daß Pflanzen immer heftig auf entwicklungswidrige, und mit «Dankbarkeit» auf lebensfördernde gedankliche Beeinflussung antworten.

(Deutlich erkennbar verstärken entwicklungs*richtige* Gedanken – ihre lebensfördernden Schwingungen – die Entwicklung von Pflanze und Tier; und entwicklungswidrige Gedanken – ihre lebensschädigenden Schwingungen – konterkarieren sie.)

Siehe u. a. *«Das geheime Leben der Pflanzen»* von *Peter Tompkins* und *Christopher Byrd* (Fischer Verlag).

(4) *Was ist zu tun, damit entwicklungsrichtige Ziele und Verhaltensweisen, die für die Allgemeinheit wichtig sind, die Oberhand gewinnen?*

Die Menschen durch Aufklärung veranlassen: für diese Ziele und Verhaltensweisen sich gewaltlos, aber unbeirrbar einzusetzen.

(5) *Wie könnte die wirtschaftliche Stabilität auch jener «unterentwickelten» Staaten gesichert werden, die nicht durch Rohstoff-, Finanz- oder andere Vorteile besonders begünstigt sind?*

Damit die wirtschaftliche Stabilität und Vollbeschäftigung dieser nicht begünstigten Staaten erhalten bleibt bzw. erreicht wird, müssen das dort investierte Kapital und die mit seinem Einsatz geschaffenen Löhne, Gehälter, Honorare, Cash-Flows und sonstigen Werte im Staat verbleiben, dort «rotieren» – Landwirtschaft, Handwerk, Industrie, Bauwirtschaft, Freizeitwirtschaft usf. beschäftigen; und der Kapitalabfluß in

Höhe des erzielten angemessenen Gewinns beschränkt werden. Kapital, das für das Erreichen wichtiger volkswirtschaftlicher Ziele notwendig ist, durch eigenstaatliche Investitionen und Kapitalanlagen aus dem Ausland beschaffen.[41]

(6) *Gibt es ein Netz gleichgesinnter Leser dieses Buches?*

Nein; aber jeder Mensch, der mit dem Gedankengut dieses Buches übereinstimmt, kann selbst eine Gruppe Gleichgesinnter gründen oder sich einer bereits bestehenden anschließen.

Die Mitglieder dieser Gruppen unterstützen gegenseitig ihr entwicklungs*richtiges* Denken und Handeln und versuchen gemeinsam Anregungen dieses Buches, zum Wohl der Allgemeinheit, zu verwirklichen.

(7) *Wird sich die jetzige Menschheit durch entwicklungswidriges Verhalten selbst ausrotten?*

Nein.

U. a. wird in den nächsten Jahrzehnten die Entwicklung von Material, Technik und der damit erzeugten «Behelfe» (Geräte usf.), die für die «künstliche Intelligenz» erforderlich sind, immer weiter fortschreiten. Sie wird mit Hilfe dieser verbesserten «Behelfe» die unausbleiblichen, zur Katastrophe führenden Schäden des jetzigen entwicklungswidrigen Verhaltens der Menschheit, und die vielen Möglichkeiten, wie durch ein ent-

---

[41] Siehe auch Seite 126: Import – Export

wicklungs*richtiges* Denken und Handeln eine für die Menschen gesicherte, glückliche Zukunft erreicht werden kann, so eindringlich, mit allen Einzelheiten, überzeugend darstellen, daß die *maßgebenden* Persönlichkeiten und die führende Bevölkerungsschicht aller Staaten die notwendige, *rettende* Änderung des Verhaltens der Menschheit *rechtzeitig* durchsetzen werden.